Natur erleben

Tierschutz in Haus und Garten

Natur erleben

Adolf Winkler/Christian Grzimek

Tierschutz

in Haus und Garten

Otto Maier Ravensburg

Adolf Winkler, Jahrgang 1949, Mitglied von Natur- und Tierschutzorganisationen, Initiator und Veranstalter verschiedener Aktionen zum Thema Naturschutz, befaßt sich seit über einem Jahrzehnt mit dem Schutz bedrohter Tierarten. Autor eines Buches über Igelschutz, häufiger Gast in Rundfunk und Fernsehen.

Christian Grzimek, Jahrgang 1959. Durch seinen Großvater, Prof. Dr. Bernhard Grzimek, schon seit frühester Jugend mit den Problemen gefährdeter Tierarten vertraut. Mit der ZDF-Fernsehsendung „Kiebitz“, die er moderiert, ist es ihm gelungen, auch die Jugend für Tierschutzbelange zu begeistern.

Umschlaggestaltung: Ekkehard Drechsel
Umschlagfotos: Hans Reinhard / Okapia
Zeichnungen: Erhard Poßin
Satz: Fotosatz Ruderer, Grünkraut
Gesamtherstellung: Himmer, Augsburg
Printed in Germany

94 93 92 91 5 4 3 2

ISBN 3-473-46088-5

Umschlagfoto: Siebenschläfer.

Foto auf Seite 2: Wasser- oder Teichfrosch.

Inhalt

Vorwort

Wie Kain nach Abel gefragt wurde, so werden wir auch nach unseren Brüdern, den Tieren gefragt werden. (R. Schneider)

Bei der Arbeit zu diesem Buch im Frühjahr 1989 wurden wir von der Nachricht über die Ölkatastrophe vor Alaska überrascht. Ein Tanker war leckgeschlagen, und das auslaufende Öl hat Tod und Verderben in diese Region gebracht. Unzählige Tiere, deren Bestände ohnehin schon seit Jahrzehnten schrumpften, fanden dadurch den Tod, vom Weißkopfadler bis zum Fischotter. Wenn dieses Sterben uns Menschen wachrütteln würde, dann hätte der Tod dieser Tiere wenigstens einen Sinn gehabt. Denn auch in unserer heimischen Landschaft, auf unseren Feldern und in unseren Gärten, finden die Katastrophen statt. Sie sind nicht so spektakulär, und jahrzehntelang haben wir Menschen sie nicht erkannt. Jetzt aber gilt es zu handeln. Mit unserem Buch wollen wir Mittel und Wege aufzeigen, wie Sie gefährdeten Tieren helfen können.

Adolf Winkler
Christian Grzimek

Paradies Erde

Die Welt, in der wir leben, ist wirklich ein Paradies! Sie nährt und kleidet uns. Unzählige Tier- und Pflanzenarten erfreuen den Menschen durch ihre Schönheit und Farbenpracht. Besonders deutlich ist das Erlebnis „Natur" zu spüren, wenn wir in Gebiete kommen, die von Menschenhand unberührt sind. Wir erleben eine Artenvielfalt von Tieren und Pflanzen Blumen und damit ein Glücksgefühl, zu leben. Unvergeßlich sind Naturerlebnisse an einem Sommermorgen, wenn die Sonne scheint und die Vogelwelt uns mit ihrem Gesang erfreut; wenn Schmetterlinge in ihrer ganzen Farbenpracht auf einer Naturwiese die Blüten umfliegen. Wie freut es uns, ein Eichhörnchen über die Äste der Bäume springen zu sehen! Zu sehen, daß Natur lebt. Doch diese Natur ist in Gefahr: Der Mensch droht sie zu zerstören. Er tut dies vielleicht nicht mit Absicht. Aber sein ganzes Tun und Handeln bringt Gefahr für unsere Natur und damit für Tiere und Pflanzen, für unsere Erde.

Der Mensch im Wandel der Zeit

Verfolgt man die Entwicklung der Menschen in den letzten hundert Jahren, so ist nahezu Unfaßbares geschehen. Lebten unsere Großeltern überwiegend von Ackerbau und Viehzucht, so leben wir in einer Welt der Technik und Industrie. Alles scheint machbar. Bewegten sich die Menschen früher unter großem Zeitaufwand mit Pferdegespannen von Ort zu Ort, so erreichen wir heute mit Autos und Flugzeugen in wenigen Stunden andere Länder und Kontinente. Ein Indiz dafür, wie rasch der Mensch seine Lebensbedingungen verändert hat. Wir leben heute in einer Wohlstandsgesellschaft, in der Nahrung und Kleidung nicht mehr alleine lebensnotwendige Grundbedürfnisse sind, sondern Attribute von Genuß- und Geltungssucht. Unsere Autos sollen uns nicht nur zu einem Ziel führen, sondern auch Zeichen unseres persönlichen Erfolges und Wohlstandes sein. Gesundheit und längeres Leben sind machbar geworden: Wir haben eine Industrie, die uns dazu verhilft. Die Freizeit, die wir heute haben, hat neue Bedürfnisse geweckt, und auch hier hilft uns eine Industrie. Wir können alles kaufen, was unser Herz

Links:
Blumengarten – Natur aus Menschenhand. Hier können Tiere überleben.

begehrt. Das hat auch gute Seiten und ist dem Menschen zu gönnen. Aber über allem liegt eine Gefahr, die Gefahr der Zerstörung unserer Umwelt. Bis heute wurde sie nämlich nur als Rohstofflieferant für unsere Produktionsbedürfnisse angesehen. Es ist höchste Zeit, daß wir verstehen lernen, wie sensibel die Natur auf Eingriffe in ihr kompliziertes Gefüge reagiert – sonst droht die Gefahr, daß wir uns selber um unsere Lebensgrundlagen bringen.

So zerstören wir unsere Erde

Jahrzehntelang war uns nicht bewußt, oder wir haben es einfach nicht zur Kenntnis genommen, wie sehr wir mit der Produktion vieler Wirtschaftsgüter unsere Landschaft ruinieren, unsere Umwelt vergiften und belasten. Da sind die Autobahnen, die Natur zerstören, die Fabriken und Industrieanlagen, die Wasser und Luft vergiften. Da ist der Mensch in seiner Freizeit, der gedankenlos Natur und Tiere bedroht und vernichtet, sei es mit Autorallyes durch Wälder und Felder oder durch Wassersport auf Flüssen und Seen. Viele der in den letzten Jahren eingetretenen Katastrophen sollten uns zur Besinnung führen. Denken wir an das Jahr 1986 mit seinem Atomunfall in Tschernobyl, 1987 mit der Chemievergiftung des Rheins, 1988 mit dem Tod von 15 000 Robben in der Nordsee, 1989 mit den Ölkatastrophen in der Antarktis und vor Alaska, die Vernichtung und Elend zur Folge hatten. Unter all unserem Tun und Handeln leiden die Tiere unserer Erde – aber letztendlich auch wir Menschen. Schon heute gibt es kein unbelastetes Trinkwasser mehr. Und selbst unsere Kinder nehmen mit der Muttermilch schon die ersten Gifte zu sich, die wir in die Natur gebracht haben und die mit der Nahrungsaufnahme zu uns zurückkehren.

Tierschutz ist keine Sentimentalität

Es ist erstaunlich, was in unserer Presse immer wieder berichtet wird: von Menschen, die sich vor Gericht streiten, weil Laub von den Bäumen in des Nachbars Garten fällt, weil ein Hahn zu laut kräht oder weil die Frösche im Gartenteich zu laut quaken. Das sind Meldungen, die einen erschrecken lassen, weil sie aufzeigen, wie sehr der Mensch sich von der Natur fortbewegt, obwohl es ihm bewußt sein sollte, daß es ohne Natur auch kein menschliches Leben mehr geben wird. Mensch und Tier, wir haben den gleichen Ursprung, und der Mensch braucht die Tiere. Bäume tragen nur Früchte, weil die Bienen und Hummeln sie bestäuben. Insekten, die uns plagen und unsere Ernten schädigen, werden von den Vögeln gefressen. Vorbei sind die Zeiten, da wir glauben konnten, mit Chemie sei alles zu erreichen; wir wissen nun, daß wir uns damit selbst schädigen und vergiften. Alle in unserer Natur lebenden Tiere sind Bioindikatoren, die uns aufzeigen, daß auch wir Menschen bedroht sind, wenn für Tiere kein Lebensraum mehr da ist und wir ihren Bestand gefährden.

Tierschutz beginnt in Haus und Garten

Bei vielen Menschen stellte sich in den letzten Jahren das Bewußtsein ein, mehr für sich und die Natur tun zu müssen. Erkennbar ist dies an den vielen neuen Naturkost- und Biowaren sowie an Produkten zum Schutz der Wildtiere. Das Wissen um unsere vergiftete Natur ist in der Bevölkerung vorhanden, und sie möchten sich schützen. Aber die Gifte sind nicht nur in der Nahrung, sondern überall, auch im Trinkwasser und in der Luft. Und die Schäden an der Ozonschicht der Erde durch die Verwendung von Fluorchlorkohlenwasserstoffen (FCKW) in Sprühdosen sind heute noch gar nicht absehbar.
Um für den Menschen und sein Überleben auf der Erde etwas zu erreichen, müssen wir uns darauf besinnen, daß alles seinen Platz hat und nichts unnütz ist. Da ist die kleine Florfliege im Einsatz, um die Schädlinge zu vertilgen, die den Gemüseanbau gefährden. Da ist die Fledermaus, die in der Nacht die Insekten fängt, da ist der Igel, der die Schnecken und Käfer frißt, da ist die Eule, die Mäuse vertilgt. Ein großes Naturgefüge gilt es zu schützen, und sei es auch nur in Gestalt eines kleinen Marienkäfers, der sich von Blattläusen ernährt. Nichts ist ohne Sinn auf dieser Erde, und weil die Lebensräume so vieler Tiere in unserer Umgebung gefährdet sind, liegt es an jedem einzelnen, sie zu schützen. Diese Aufgabe kann uns weder Behörde noch Staat abnehmen. Hier kommt es auf jeden einzelnen Menschen an; Sie allein bestimmen, was in Ihrem Garten leben darf, leben soll – in der Verantwortung für sich selber und in der Verantwortung für die, die nach uns kommen. Es ist unser Gebot, ihnen eine Zukunft und wieder ein Stückchen Paradies zu hinterlassen.

Nützling oder Schädling?

Es ist in diesem Buch bewußt unterlassen worden, die hier aufgeführten Tiere in Nützlinge und Schädlinge einzuteilen. Zwar ist uns die Lebensweise vieler Tierarten nicht mehr unbekannt, aber doch haben wir oft erst spät gemerkt, daß viele, von denen wir glaubten, sie seien „Schädlinge", ihre Bedeutung und ihren Nutzen im Naturhaushalt haben. Als Beispiele seien hier nur Hornisse oder Wespe erwähnt. Von uns Menschen als bedrohlich empfunden und bekämpft, sind sie jedoch außerordentlich wichtige Insektenvertilger. Auch darf nicht unerwähnt bleiben, daß die meisten der hier aufgeführten Tierarten akut in ihrem Bestand gefährdet sind, weshalb sie bei uns auf der „Roten Liste" stehen und bei einigen in absehbarer Zeit mit dem Aussterben gerechnet werden muß, wenn nicht ein radikales Umdenken in unseren Naturschutzbemühungen eintritt. Was nützt es, wenn Gesetze zum Schutz unserer Umwelt bestehen, aber nicht angewendet werden? Denken wir nur einmal an das alljährliche Abflämmen von Wiesen und Feldern, durch das viele Bodeninsekten zu Tode kommen. Auch nützt es nichts, wenn wir unsere heimischen Tiere schützen, in der Dritten Welt aber unser Unwesen treiben, wie zum Beispiel in Indonesien, wo wir jährlich tonnenweise Froschschenkel für sogenannte Feinschmecker einkaufen.

Tiere brauchen Schutz und Hilfe

Viele Tier- und Naturfreunde nehmen es heute einfach nicht mehr hin, daß jährlich immer weitere Tierarten von unserer Erde verschwinden. Auffallend sind inzwischen die Schutzbemühungen für Kröten, die bei ihren alljährlichen Wanderungen zu den Laichgewässern dem Straßenverkehr zum Opfer fallen, oder auch die Hilfsmaßnahmen für Igel, denen es immer mehr an geeigneten Lebensräumen fehlt und die auch millionenfach von Autos getötet werden. Nicht jeder will sich aber in Vereinen oder Aktionsgemeinschaften betätigen, was sicher verständlich ist. Doch auch in seinem eigenen Lebensbereich, in Haus und Garten, kann er aktiven Natur- und Tierschutz betreiben. Wir beanspruchen leider immer mehr Lebensraum, der den Tieren verlorengeht. Wo heute noch eine Wiese mit Teich und Hecke war, kann morgen ein Baugebiet entstehen. Dazu kommt noch, daß unsere moderne Bauweise den Tieren wenig Unterschlupf bietet, so wie es früher die Häuser in den Dörfern mit ihren Scheunen und Stallungen taten. Mit ein wenig gutem Willen können wir auch in einem modernen Haus viel für Wildtiere tun!

Hilfe – aber wie?

Das Buch „Tierschutz in Haus und Garten" ist entstanden aus dem Bedürfnis, Tierfreunden bei ihren Naturschutzbemühungen eine Hilfestellung an die Hand zu geben. Oftmals stehen sie vor der Frage: Wie helfe ich diesem oder jenem Tier, das in meinem Haus oder Garten lebt, das ich verletzt aufgefunden habe oder dessen Nest oder Behausung bei Aufräumarbeiten zerstört wurde?

Den Texten ab Seite 21 vorangestellt ist deshalb, ob es sich um eine geschützte Tierart handelt, deren Schutzbestimmung sich aus der Bundesartenschutzverordnung (BArtSchV) vom 19. Dezember 1986 ableitet. Der Gefährdungsgrad ist nach der Bestandsbeurteilung in der Roten Liste angegeben, sofern ein Eintrag besteht. Zugrunde gelegt wurden die Daten der Roten Liste 1989 des Ministeriums für Umwelt in Saarbrücken.

Die Rote Liste kennt folgende Gefährdungsgrade:

- Ausgestorben oder verschollen:
  In der Bundesrepublik Deutschland ausgestorbene, ausgerottete oder verschollene Arten, denen bei Wiederauftreten besonderer Schutz gewährt werden muß.
- Vom Aussterben bedroht:
  Vom Aussterben bedrohte Arten, für die Schutzmaßnahmen dringend notwendig sind.
  Arten, die nur noch in Einzelvorkommen auftreten oder deren Bestände bedrohlich zusammengeschmolzen sind.
- Stark gefährdet:
  Gefährdung im nahezu gesamten einheimischen Verbreitungsgebiet. Arten, die nur in kleinen Beständen auftreten oder deren Bestände im nahezu gesamten einheimischen Verbreitungsgebiet deutlich zurückgehen oder regional verschwunden sind.
- Gefährdet:
  Gefährung besteht in großen Teilen des einheimischen Verbreitungsgebietes. Arten mit regional kleinen bzw. sehr kleinen Beständen oder deren Bestände regional zurückgehen oder lokal verschwunden sind.
- Potentiell gefährdet:
  Arten, die im Gebiet nur wenige oder kleine Vorkommen besitzen und Arten, die in kleinen Populationen am Rande ihres Areals leben. Sie können durch unvorhergesehene Ereignisse schlagartig ausgerottet werden.

Sofern Medikamente zur Krankheitsbehandlung angegeben sind, sollen sie nur in Zusammenarbeit mit einem Tierarzt angewendet werden. Markennamen für Futtermittel werden hier nur dann angegeben, wenn die erfolgreiche Betreuung eines aufgefundenen Wildtieres es unerläßlich macht, die Produkte mit der genauen Bezeichnung und Art der Anwendung zu nennen. Industriegefertigte Nistkästen oder Fütterungshäuser für die Winterfütterung sind aufgeführt, um dem Leser, der nicht über handwerkliche Fähigkeiten zum Selberbau verfügt, Möglichkeiten zum aktiven Naturschutz zu geben.
Alle hier aufgeführten Tierarten leben in der Nähe des Menschen, teilweise in seinem Haus oder in seinem Garten. Es darf nicht vergessen werden, daß es sich um Wildtiere handelt, die nicht der Natur entfremdet werden dürfen. Wenn Hilfestellung und Lebensraumerhaltung, dann nur unter den Bedingungen der Natur. Eine vorübergehende Betreuung und Pflege bei kranken und hilflosen Tieren darf nur erfolgen, um die Tiere bei Selbständigkeit wieder in die Natur zu entlassen.

Haus und Garten – tierfreundlich

Viele unserer heimischen Tiere sind Kulturfolger geworden, die sich in der Nähe des Menschen ansiedeln und dort ihren Lebensraum finden oder finden könnten. Aber leider ist unsere moderne Haus- und Gartengestaltung nicht gerade tierfreundlich, und mit dem Lebensraum, den wir mit unserer vermehrten Bautätigkeit zerstören, zerstören wir auch die Lebensgrundlagen von sehr vielen Tieren. Doch der Mensch ist auch in der Lage, neuen Lebensraum zu schaffen, wenn er die Existenz von Tieren zuläßt und deren Lebensberechtigung in seinem Haus und seinem Garten anerkennt. Fördern kann er sie, indem er auf die Biologie unserer Wildtiere eingeht und ihnen Wohn-/Lebensraum und neue Nahrungsquellen schafft. Belohnt wird er mit dem Bewußtsein, einer der – leider noch wenigen – Menschen zu sein, für den Natur- und Tierschutz keine leeren Schlagworte sind. Wenn er ihnen Inhalt gibt, geschieht es zu seinem Wohl, dem seiner Nachkommen, zum Wohl der ganzen Welt.

Das tierfreundliche Haus

Besonders die modernen Baustoffe mit teilweise sehr giftigem Inhalt für Mensch und Tier (denken wir nur an die Formaldehyde), sind für sehr viele kleine wie große Nützlinge, die sich in unserem Haus aufhalten, oft tödlich. Sie schaden dem Marienkäfer oder dem Schmetterling, der auf unserem Speicher überwintert, oder der Fledermaus, die hier Unterschlupf gefunden hat. Ein Verzicht auf solche Baustoffe liegt auch im Interesse des Menschen. Zwar werden hier und da Verbote ausgesprochen und Produktionen eingestellt, wenn sich die Giftigkeit eines Materials herausgestellt hat, doch dauert es oft Jahrzehnte, bis Erkenntnisse vorliegen. Deshalb ist eine Rückbesinnung auf Bewährtes wichtig, was ja nicht zwangsläufig auf etwas Schlechteres heißt. Das Gegenteil ist der Fall. Wie sehr bewundern wir heute Menschen, deren Haus noch ein Strohdach hat oder die in einer alten Mühle oder Scheune wohnen. Nun, die Zeiten sind vorbei, wo das allen möglich ist, und es heißt, sich mit Gegebenheiten abfin-

Haus und Garten – tierfreundlich

Das tierfreundliche Haus

den. Dies heißt aber auch, die Augen vor der Wirklichkeit öffnen. Warum nicht bei neuen Bauplanungen Lebensräume und Unterschlupf für Störche oder Fledermäuse einplanen? Ein dauerhaft geöffnetes separates Dachfenster ohne Regeneinlaß ist schon eine Einladung für viele Tiere. Jedoch – sie hinterlassen Kot und Schmutz, den wir von Zeit zu Zeit entfernen müssen. Oft wird es auch eine Hornisse sein, die hier ihren Staat gründet. Aber dies ist Natur in Menschenhand – gehen wir sorgsam damit um! Der Igel zum Beispiel ist in Bereichen mit alten Häusern, Schuppen oder Scheunen oft Untermieter unter Mauereinlässen, Dielenböden oder einfach unter Brettern. Doch nicht jeder kann sich zu einem Holzstapel oder Reisighaufen im Garten entschließen. Das sollte ihn aber nicht daran hindern, Naturfreund zu sein. Warum nicht auch in der neuerbauten Garage einen kleinen Einschlupf von außen schaffen, mit einer von innen dagegengestellten Holzkiste? Viele Tiere suchen außerdem die Nähe des Menschen und sind auf seine Hilfeleistung bei der Quartiersuche angewiesen. Zum Beispiel bedeutet das Anbringen von Nestern für Schwalben eine entscheidende Überlebenshilfe. Das gleiche gilt auch für Fledermäuse.

Ein Garten für Tiere

Zu den größten Übeln in unseren Neubaugebieten zählt die Gartengestaltung. Hier ist kein Platz für Natur, und alles, was gepflanzt wird, ist unter dem Aspekt pflegeleicht und sauber zu sehen. Gemüse und Obst werden leider immer mehr im Supermarkt gekauft. So wie es eine gesetzliche Verpflichtung zum Anlegen von Parkplätzen bei neuerbauten Häusern

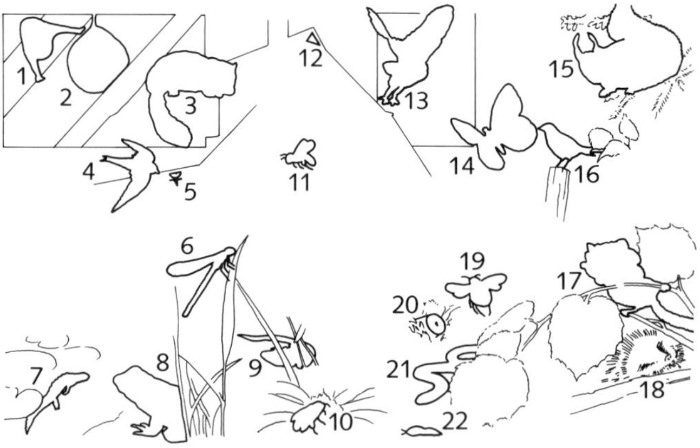

Viele Wildtiere müssen heute gezwungenermaßen in der Nähe des Menschen leben, der sich ihnen gegenüber immer weniger als Freund erweist. Welche Tiere sich in Haus und Garten einfinden können, wenn man beides entsprechend tierfreundlich gestaltet, zeigt die Zeichnung auf den Seiten 16 und 17:

1 = Zwergfledermaus
2 = Wespennest
3 = Siebenschläfer
4 = Mehlschwalbe
5 = Schwalbennest
6 = Libelle

gibt, so müßte es ein Gesetz zur Pflanzung von Obstbäumen und Blumenwiesen geben, denn daran mangelt es gebietsweise sehr stark in Deutschland. Zwar sind Zypressen und Kiefern ein immergrüner Schmuck in unseren Gärten, doch bieten sie keine Nahrungsquelle und kaum Unterschlupf. Warum nicht einmal Haselnußsträucher sowie Brombeeren als Sichtschutz pflanzen? Sie geben vielen Tieren Lebensraum, seien es Vögel, Haselmaus oder im Herbst unter ihrem Laub der Igel. Wer sinnvollen Naturschutz betreiben will, der sollte in seinem Garten von Anfang an den Tieren einen Bereich zuordnen, der auch alleine ihnen gehört: die Hecke für die Vögel, die Wildblumen für die Bienen und Schmetterlinge, das Gehölz für Igel oder Marder oder Bilche. Hier sollten keine Aufräumarbeiten stattfinden, und auch das Wuchern von Brennesseln und Disteln ist zu dulden. Zwar wird man sich bei seinen Nachbarn damit nicht beliebt machen, sofern sie diese Maßnahmen nicht gutheißen. Vielleicht lassen sie ja mit sich reden und begreifen nach und nach, worum es geht. Und wenn nicht – wenigstens in diesem Bereich steht die Rechtsprechung inzwischen auf seiten der Natur. Man sollte Prioritäten setzen und in gewissen Handlungsweisen nicht seine Einstellung vom Gutdünken eines Nachbarn abhängig machen, dessen Lebensinhalt es sein mag, allwöchentlich seinen Rasen zu stutzen, und dem es womöglich gleichgültig ist, ob sein alter Rasenmäher Krach macht und die Umwelt verpestet. Leider ist es für viele Gartenbesitzer auch zur Gewohnheit geworden, Rasenschnitt oder Garten- und Küchenabfälle einfach in die Mülltonne zu werfen, weil es als unfein angesehen wird, sich einen Komposthaufen im Garten anzulegen und weil man Humus ja im Gartenmarkt kaufen kann.

Dabei spielen Komposthaufen eine wichtige Rolle: Sie entlasten Abfalldeponien und Müllverbrennungsanlagen und liefern Humus für den Garten. Ein optimaler Lebensraum sind sie für Regenwürmer, die die ganzen Abfälle vertilgen und sich somit nützlich machen. Dazu geben sie dem Igel Unterschlupf, der sehr gerne seine Nester in Komposthaufen gräbt und dort seine Jungen zu Welt bringt, weshalb man niemals mit einer spitzen Mistgabel in Komposthaufen stechen sollte. Alljährlich werden viele Igel auf diese Weise aufgespießt und getötet.

7 = Teichmolch
8 = Grasfrosch
9 = Eidechse
10 = Biene
11 = Biene
12 = Einflugloch
13 = Schleiereule
14 = Aurorafalter
15 = Eichhörnchen
16 = Amsel
17 = Haselmaus
18 = Igel
19 = Hummel
20 = Blumentopf als Hummelnest
21 = Blindschleiche
22 = Schnecke

Tierfreundliche Bepflanzung

Mit der Pflanzung von Sträuchern und Bäumen aus unserer Heimat lassen sich schnell neue Lebens- und Nahrungsräume für unzählige Tierarten schaffen. Nachfolgend eine Liste mit Gehölzen, die besonders von Schmetterlingen, Vögeln, Säugetieren und Insekten geschätzt werden.

	Schmetterlinge	Vögel	Säugetiere	Insekten
Apfelbaum	x	x	x	x
Birnbaum	x	x	x	x
Brombeere	x	x	x	x
Faulbaum	x			
Feldahorn	x			
Hasel		x	x	x
Hartriegel	x			
Wildapfel	x		x	
Johannisbeere	x	x	x	x
Kirschbaum	x	x	x	x
Liguster	x			
Pflaumenbaum	x	x	x	x
Schneeball		x		
Schwarzdorn (Schlehe)	x		x	
Weißdorn	x		x	

Gartenpflanzen für Tiere

Viele in unseren Gärten blühende Blumen sind für das Auge zwar herrlich anzusehen, aber ihr Nutzen für Insekten wie Schmetterlinge, Hummeln oder Bienen ist gleich Null. Das Beseitigen vieler Streuobstwiesen sowie die starke Überdüngung von Wiesen und Feldern und damit auch der Wegränder läßt immer mehr Blumen verschwinden, die Nahrungsgrundlage bieten. Neben fertigen Samenmischungen aus dem Fachhandel für Schmetterlingswiesen kann auch gezielte Anpflanzung je nach Bodentyp sinnvoll sein. Hier einige Beispiele für tierfreundliche Blumen, bei denen von Anfang an auf Dünger verzichtet werden sollte, da sie bevorzugt auf nährstoffarmen Böden wachsen:
Blutweiderich, Ehrenpreis, Frühlingskrokus, Gamander, Gänseblümchen, Grasnelke, Große Bibernelle, Großer Wiesenknopf, Günsel, Gundermann, Herbstzeitlose, Hohe Schlüsselblume, Johanniskraut, Kronwicke, Kuckucks-Lichtnelke, Kümmel, Löwenzahn, Märzbecher, Margerite, Schafgarbe, Scharfer Hahnenfuß, Schneeglöckchen, Silberdistel, Spitzwegerich, Vogelwicke, Weiße Lichtnelke, Weißklee, Wiesenknöterich, Wiesenschaumkraut.

Säugetiere

In diese Klasse gehören die höchstentwickelten Tierarten. In der Bundesrepublik Deutschland leben 94 Säugetierarten, aber durch die intensive Zersiedlung unserer Landschaft ist für viele der Lebensraum in der freien Natur stark eingeschränkt, so daß sie in unmittelbarer Umgebung des Menschen leben müssen oder sogar eine Hausgemeinschaft mit ihm eingehen. Leider sind 47 % unserer heimischen Arten als gefährdet anzusehen und brauchen dringend Schutz, vor allem geeignete Lebens- und Nahrungsgrundlagen.

Baumschläfer

Geschützte Tierart: ja!
Bestandsbeurteilung: potentiell gefährdet.

Die Gruppe der Bilche, wozu der Baumschläfer gehört, umfaßt vier Tierarten, die uns bei einer zufälligen Begegnung durch ihre putzige Art auffallen, die an ein kleines Eichhörnchen erinnert. Durch ihr niedliches Aussehen, teils mit großen runden Augen, schließen wir sie schnell ins Herz. Allerdings sind Begegnungen nur sehr selten, da es sich um eine nachtaktive Tierart handelt.
Leicht haben es die Baumschläfer trotzdem nicht bei uns, weil ihnen nachgestellt wird und dies teilweise ohne böse Absicht. Oft kommt es vor, daß Hausbewohner über Lärm auf dem Dachboden beunruhigt sind und Angst haben, es könnten sich Ratten eingenistet haben. Dabei sind es oftmals Bilche, die sich in menschlicher Umgebung richtig wohl fühlen und gern eine Hausgemeinschaft eingehen. Das trifft auch auf den Baumschläfer zu, der in unseren Breiten nur noch sehr selten beheimatet ist.

Lebensraum

Laub-, Misch- und Nadelwälder, Parks und Gärten, wobei er auch im Alpengebiet anzutreffen ist, oftmals in Höhen von bis zu 3 000 m.

Lebensweise

Dämmerungs- und nachtaktiv und deshalb von speziellen

Nachtfeinden wie Eulen, Mardern oder Katzen verfolgt, lebt der Baumschläfer in Bäumen und Sträuchern, in denen er sich kugelartige Nester aus Zweigen und Gras baut. Aber auch Baumhöhlen oder verlassene Nester von Eichhörnchen werden als Wohnraum angenommen, in dem, meist im Mai bis Juni, bis zu sechs Junge zur Welt kommen.
Baumschläfer sind wie alle Bilche Kletterkünstler, die, wenn sie in Gefahr geraten, oftmals noch Rettung durch ihre Geschicklichkeit finden. Wenn sie von ihren Feinden am Schwanz gefaßt werden, können sie diesen opfern, eine Eigenart, die noch viele andere Tierarten zeigen. In den Wintermonaten ziehen sie sich in Erdlöcher zurück und halten einen langen Winterschlaf. Bei Aufräumarbeiten im Winter vorgefundene Tiere werden oft für tot gehalten und sind immer für eine Überraschung gut, wenn sie plötzlich in warmen Räumen, in die sie gebracht wurden, putzmunter werden. Einen Bilch in der Wohnung dann wieder einzufangen, ist ein Abenteuer für sich.

Nahrung
Insekten, Raupen, Nüsse, Eicheln, Bucheckern, Obst, Beeren.

Nahrungsangebot
Siehe Seite 26.

Hilfen
Siehe Seite 27.

Gartenschläfer

Geschützte Tierart: ja!
Bestandsbeurteilung: kein Eintrag in der Roten Liste.

Zu den Mitgliedern der Familie der Bilche, die im Garten allgemein recht häufig vorkommen sollten, in unseren Breiten aber meist nur regional (z. B. im Schwarzwald) anzutreffen sind, gehört der possierliche Gartenschläfer. Man trifft ihn auch schon mal beim Reinigen der Vogelnistkästen winterschlafend an. Man sollte ihm diesen Wohnraum gönnen, den er im kommenden Frühjahr sicherlich wieder verläßt.

Lebensraum
Laub-, Misch- und Nadelwälder, aber auch Weinbau- und Gartenlandschaften, wobei er im Gebirge bis in Höhen von 2000 m anzutreffen ist.

Gartenschläfer sind nachtaktiv und lieben alte Baumhöhlen als Wohnraum.

Lebensweise

Dämmerungs- und nachtaktiv, durchstreift er Boden und Bäume nach Nahrung, wobei Obstgärten als Lebensraum bevorzugt werden, obwohl der Gartenschläfer ursprünglich ein Waldbewohner ist. Seine Nester baut er sowohl in Baumlöcher als auch zwischen Steinen, Felsspalten, in Schuppen oder eben auf Dachböden, wo im Mai bis Juni bis zu sechs Junge zur Welt kommen. Eine Eigenart der Weibchen von Gartenschläfern ist es, ihre Jungen beim Verlassen des Nestes oftmals in einer Kette zu führen, wie man es auch von den Spitzmäusen kennt. Das ist eine Taktik, die sie vor Verlust und Feinden schützen soll.

Obwohl Gartenschläfer sehr scheu sind, nehmen sie gerne von Menschen ausgelegte Futterspenden an und kehren regelmäßig zu diesen Futterplätzen zurück. In den Herbstmonaten legen sie sich ihren Winterspeck zu, denn wie alle Bilche halten auch die Gartenschläfer Winterschlaf. Dazu graben sie Erdlöcher, aber auch auf Dachböden oder in Garagen werden sie schon mal zwischen alten Putzlappen oder ähnlichem schlafend aufgefunden.

Nahrung
Insekten, Käfer, Eidechsen, Schnecken, Früchte, Samen und Beeren; gelegentlich junge Mäuse und Jungvögel.

Nahrungsangebot
Siehe Seite 26.

Hilfen
Siehe Seite 27.

Siebenschläfer

Geschützte Tierart: ja!
Bestandsbeurteilung: kein Eintrag in der Roten Liste.

Wenn die Siebenschläfer auch ein nachtaktives Leben führen, das uns Menschen meist verborgen bleibt, so gehören sie doch zu einer Tiergruppe, die sich bei vielen Hausbesitzern sehr unbeliebt macht: Sie nehmen Speicher und Dachböden als Wohnraum in Besitz und führen in der Nacht ihr geräuschvolles Leben. Ihr Poltern und Toben findet nicht immer Begeisterung, und sie werden teilweise recht grausam verfolgt. Ein Grund dafür ist sicher auch darin zu sehen, daß sie mit Ratten verwechselt werden, besonders in der heutigen Zeit, wo vielen Menschen die Kenntnis von Tieren fehlt, weil nur selten noch Bezug zu ihnen besteht.

Lebensraum
Laub- und Mischwälder, Parks, Häuser und Gartenlandschaften. Sehr gerne nisten sie sich in alten Häusern oder Schuppen ein.

Lebensweise
Siebenschläfer sind außergewöhnlich flinke Tiere, die ein sehr geräuschvolles dämmerungs- und nachtaktives Leben führen. Im Aussehen ähneln sie einer Ratte oder Maus und werden auch oft mit ihnen verwechselt. Einmal im Jahr, im Juni bis Juli, bringt das Weibchen bis zu sechs Junge zur Welt, meist in einem Nest aus Laub, das es sich in Baumhöhlen oder allerlei Verstecken baut. Von ihrer Fähigkeit, sich ein ausgeprägtes Fettpolster anzulegen und in der nahrungsarmen Zeit einen sieben Monate dauernden Winterschlaf zu halten, haben die Siebenschläfer ihren Namen.

Siebenschläfer mit Nachwuchs. Er bezieht gerne Speicherräume in Wohnhäusern und macht sich durch nächtliches Tollen unbeliebt.

Nahrung
Insekten, Triebe, Blätter, Obst, Beeren, Nüsse, Eicheln, Bucheckern.

Nahrungsangebot
Siehe Seite 26.

Hilfen
Siehe Seite 27.

Haselmaus

Geschützte Tierart: ja!
Bestandsbeurteilung: potentiell gefährdet.

Zu den kleinsten Vertretern der Bilche gehört die Haselmaus, die in Deutschland nur noch lückenhaft verbreitet ist und in ihrem Bestand als bedroht angesehen werden muß.

Lebensraum
Waldränder, Garten- und Parkanlagen mit dichtem Buschwerk und Gestrüpp.

Lebensweise
Dort, wo es noch Flächen mit dichtem Bewuchs von Haselnußsträuchern oder Brombeergestrüpp gibt, führt die Haselmaus ihr nachtaktives Leben. Meist baut sie sich mehrere kugelförmige Laub- oder Grasnester, in denen bei ein bis zwei Würfen im Jahr bis zu fünf Junge zur Welt kommen. Hätten sie nicht einen langen buschigen Schwanz, so würde man sie mit jungen Mäusen verwechseln. Bei ihren Kletteraktionen zwischen Sträuchern und Büschen ist der Schwanz auch eine große Hilfe zur geschickten Fortbewegung.
Im Herbst, wenn die Zeit der Winterruhe naht, legen sie sich Bodennester unter der Erde an, in denen sie Winterschlaf halten. Aus diesem Grund sollte man auf den Gifteinsatz in Erdlöchern zum Vertreiben von Mäusen verzichten, weil von diesen Giften auch Winterschläfer der geschützten Tierarten betroffen werden.

Nahrung
Insekten, Samen, Früchte sowie junge Triebe und Knospen.

Nahrungsangebot
Siehe unten.

Hilfen
Siehe Seite 27.

Nahrungsangebot für Bilche

Igelfutter, Bananenstücke, Haselnüsse, Mehlwürmer, Wasser. Säuglinge können mit Katzenaufzuchtmilch (erhältlich beim Tierarzt), die mit einer Plastikspritze oder Pipette gefüttert wird, ernährt werden.

Hilfe für Bilche

Einige der Bilche wie Siebenschläfer oder auch Gartenschläfer fühlen sich in häuslicher Umgebung wohl und sind auf Dachböden oder in Schuppen und Garagen anzutreffen. Weil sie hier Lärm machen und manchmal auch geringfügige Schäden an Möbeln oder Vorräten anrichten, werden sie mit Giften und Rattenfallen verfolgt. Diese Methoden sind einer geschützten Tierart gegenüber völlig unangebracht. Mit dem Einsatz von Lebendfallen – erhältlich im Gartenfachhandel – mit Banane oder Nüssen als Köder kann man sich meist von den Dachbodenbewohnern befreien. Diese Fangaktionen dürfen nur mit dem Ziel erfolgen, die Tiere unverzüglich in einen anderen Lebensbereich zu bringen und dort sofort freizulassen. Alles andere ist strafbar. In den Sommermonaten ist ganz darauf zu verzichten, weil die Muttertiere Nachwuchs haben, den sie säugen. Bei Verlust der Mutter würden die Jungtiere verhungern.
Alle Bilcharten fallen unter die Bestimmungen der Bundesartenschutzverordnung, weil sie selten geworden sind. Ihr Verschwinden aus unseren Gärten würde unsere Natur weiter verarmen lassen, und eine liebenswerte Tierart, die ihre Bedeutung in der Insektenvertilgung hat, wäre für immer verloren.
Achtung! Oftmals findet sich im Herbst oder Frühjahr ein unterkühltes Jungtier, oder bei Abbruch- oder Bauarbeiten werden Nester zerstört. Betreuungsbedürftige Tiere sollten in einem Käfig gehalten werden, in den Nestmaterial (Heu oder unbehandelte Holzwolle) eingebracht wird. Bilche sind sehr aktive und lebendige Tiere, die auch zubeißen können, wenn sie sich bedroht fühlen. Das trifft in der Regel aber auf kleine Jungtiere nicht zu. Trotzdem sollte man sich, wenn es nötig ist, Bilche anzufassen, besser mit einem Handschuh schützen.

Igel

Geschützte Tierart : ja!
Bestandsbeurteilung: kein Eintrag in der Roten Liste.

Das Verbreitunsgebiet der Igel erstreckt sich über weite Gebiete Europas, Asiens und Afrikas. Je nach Kontinent zeigen sich Unterschiede in Größe, Aussehen und Farbe.
Bei uns gibt es nur eine Art, den Europäischen Igel. In Westeuropa und England lebt die Unterart Braunbrustigel, in Süd- und Osteuropa der Weißbrustigel. Der Volksmund unterscheidet zwischen Hunds- und Schweineigel, womit aber nur

das Aussehen und der jeweilige Ernährungszustand eines Tieres gemeint sind.
Gerade der Igel leidet in den letzten Jahrzehnten sehr stark unter der Zersiedelung und Vergiftung unserer Landschaft. Allein der Straßenverkehr fordet alljährlich viele hunderttausend Opfer. Manche Schätzungen gehen bis in die Million. Auf unseren Straßen findet ein regelrechtes Abschlachten dieser liebenswerten Tierart statt, und wir leben sehr ruhig mit diesem Wissen.
Aber auch unsere gepflegten Gärten lassen ihm immer weniger Lebensraum. So kommt es dann, daß fast zu jeder Jahreszeit kranke und hilflose Igel gefunden werden. Das steigert sich in den Herbstmonaten noch, wenn viele Jungtiere futtersuchend umherirren und dabei von Kälte und Schnee überrascht werden. Aus falsch verstandener Tierliebe werden aber auch oft unsinnigerweise große und kräftige Igel in eine Kiste gesteckt, um sie zu betreuen und zu überwintern. Das ist kein Naturschutz: Der Igel ist ein Wildtier, und für seine Betreuung in Menschenhand müssen strenge Maßstäbe angelegt werden.

Lebensraum

Igel mögen Garten- und Wiesenlandschaften, meiden aber Getreidefelder sowie reine Waldgebiete. Sie werden oft als Kulturfolger bezeichnet, weil sie besonders häufig im menschlichen Siedlungsbereich anzutreffen sind.

Lebensweise

Igel sind dämmerungs- und nachtaktiv und gehen in den Abend- und Morgenstunden auf Nahrungssuche. Hierbei sind sie durch etwa 5 000 bis 8 000 Stacheln gegen ihre natürlichen Feinde wie Fuchs, Dachs, Marder und Greifvögel geschützt. Je nach Gebiet halten sie von Oktober bis März Winterschlaf. Dafür legen sie sich Laub- und Grasnester unter Mauerverstecken, Holzstapeln oder Komposthaufen an. Auch Scheunen oder Gartenschuppen bewohnen sie gern. Wenn man weiß, daß ein Igel im Garten lebt, sollte das Nest in Ruhe gelassen werden, weil er sich sonst gestört fühlt und das Revier wechselt. Für eine Futterspende sind Igel jedoch empfänglich und lassen sich auch beim Fressen am Futterplatz beobachten. In der Fortpflanzungszeit zwischen Mai und Oktober bringt eine Igelmutter zwei bis acht Junge zur Welt, die sie allein betreut.

Nahrung
Käfer, Schnecken, Regenwürmer, Jungmäuse, Beeren und Gartenfrüchte wie Äpfel und Birnen.

Nahrungsangebot
Vitakraft-Igelfutter, Rinderhack, Katzenfutter (Rind), Brekkies, gekochtes Ei, Bananen- oder Birnenstücke, Speise- oder Magerquark, Vitakalk und Vitamine, z. B. Sanostol. Auf Milch als Futterangebot sollte man verzichten. Zwar wird sie von Igeln angenommen, kann aber bei geschwächten Tieren Verdauungsstörungen hervorrufen, die oft tödlich sind.

Soforthilfe
Da die Not der Igel immer mehr zugenommen hat, haben sich in Deutschland Einzelpersonen und Gruppen der Hilfe für dieses Wildtier verschrieben (s. auch Seite 122) Leider werden in den Sommermonaten immer wieder Igelnester mit Jungtieren zerstört, z. B. durch Verbrennen von Reisig oder Verarbeiten von Komposthaufen. Auch werden viele Muttertiere von Autos getötet. Die Aufzucht von Igelsäuglingen ist sehr schwierig, und es gehört außerordentliche Gewissenhaftigkeit und sehr, sehr viel Tierliebe dazu.

Jährlich fallen die Igel (hier ein Braunbrustigel) in großer Zahl dem Straßenverkehr zum Opfer. Auch unsere Gärten bieten kaum noch Lebensraum.

Vorgehensweise Unterkühlten und durchnäßten Tieren immer erst Wärme zuführen. Geeignet ist ein Karton, in den eine Wärmflasche eingebracht wird (nie zu heiß!). Auf Heizkissen sollten man wegen Überhitzungsgefahr verzichten. Am besten lagert man den oder die Igel auf Zeitungs- oder Küchenpapier. Handtücher oder Lappen sind auch brauchbar, müssen aber zu oft gewaschen werden. Bei total entkräfteten Tieren nach der Aufwärmzeit mit einer Plastikspritze (vom Arzt oder aus der Apotheke) oder Pipette aufgelösten Traubenzucker zuführen. Dabei muß auf den Schluckreflex geachtet werden, damit keine Flüssigkeit in die Lunge läuft. Bei zunehmender Reaktion des Igels kann dann der Nahrungsbrei gefüttert werden, ebenfalls mit der Plastikspritze.

Nahrungszubereitung für Igelsäuglinge bis etwa 100 g
25 ml abgekochtes Wasser (etwa 5 Eßlöffel)
1 Meßlöffel „Milupa SOM" (aus der Apotheke)
1 Messerspitze Fencheltee Instant
5 Tropfen „saab simplex" gegen Blähungen (aus der Apotheke)
1 Messerspitze „Osspulvit" (aus der Apotheke) für den Knochenaufbau
2 Tropfen „Multibionta" (Vitamine)

Wichtig ist es, das Gewicht mit einer Brief- oder Diätwaage täglich zu kontrollieren und diese Ergebnisse immer zu notieren. Die Nahrung muß alle drei bis vier Stunden verabreicht werden, auch in der Nacht. Sie darf nicht heiß, aber auch nicht kalt sein. Nach jeder Mahlzeit ist es wichtig, eine leichte Bauch- bzw. Aftermassage mit dem Finger oder einem feuchten Wattebausch durchzuführen, damit bei den Igelsäuglingen die Verdauung angeregt wird.
Achtung! Igelsäuglinge vertragen weder Babymilch- noch Tiermilchnahrung. Verwenden Sie deshalb keine andere Babynahrung als Milupa SOM. Nur diese auf Sojaeiweiß-Basis hergestellte Nahrung hat sich als verträglich erwiesen. Bei anderer Nahrung kommt es infolge von Milchunverträglichkeit zu Darmgärprozessen, und die kleinen Igelsäuglinge sterben fast immer an einem sogenannten Blähbauch.
Nahrungszubereitung für Igelsäuglinge über 100 g Sobald sich die ersten Milchzähne ausbilden, aber auch bei Gewichtsverlusten, wird eine Nahrungserweiterung notwendig. Die Nahrungszubereitung erfolgt wie oben angegeben, jedoch mit einem Zusatz von Gerilac (vom Tierarzt).

Diese Labyrinthkiste eignet sich für die katzensichere Unterbringung des Igelfutters in den Herbstmonaten.

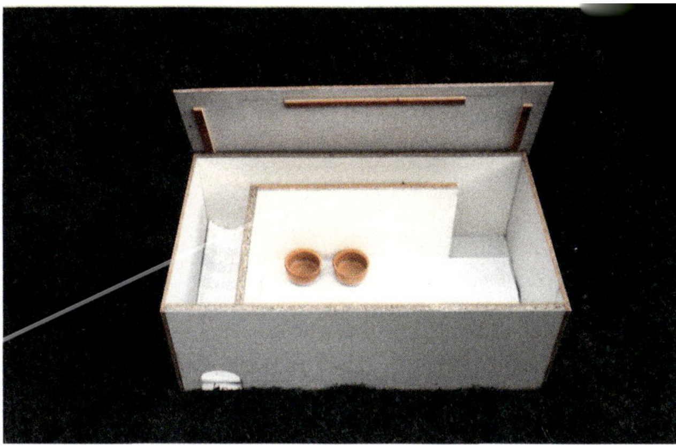

10 ml „Milupa“ SOM
3 ml „Gerilac“ (etwa 1 Eßlöffel)
Katzenfutter (vom Rind), durch ein Kaffeesieb passiert
1 Scheibe Banane, durchpassiert
2 Eßlöffel Haferbrei (Schmelzflocken mit Wasser gekocht)

Das Ganze wiederum mit einer Plastikspritze füttern, aber ab jetzt auch Futterbrei in einer Keramik- oder Glasschüssel anbieten. Ebenso muß immer frisches Wasser bereitstehen. Bei zunehmendem Körpergewicht die Nahrungsmenge steigern, wobei immer mehr feste Nahrung angeboten werden muß. Sie soll abwechslungsreich sein, z.B. mit Rinderhack, gekochtem Ei und Mehlwürmern (aus der Zoohandlung). Diese Nahrung eignet sich auch für erwachsene Igel.

Krankheiten Sie sind so vielfältig, daß immer ein Tierarzt aufgesucht werden sollte oder, falls vorhanden, eine Igelstation. Diese sind in der Regel fachkundig und helfen weiter. Es empfiehlt sich, auch gleich eine Kotprobe, die über zwei Tage gesammelt wurde, mit in die Praxis zu bringen. Damit kann der Tierarzt eine Diagnose auf Innenparasiten stellen, unter denen fast alle Igel leiden.

Fast alle Igel haben auch Flöhe und Zecken. Hier haben sich spezielle Igelflohsprays bewährt (aus der Zoohandlung). Bitte aber nicht in Gesicht und Augen sprühen! Zecken lassen sich mit einer Pinzette entfernen.

Baden soll man einen Igel nicht, außer bei Verletzungen mit Madenbefall. Auch bei starken Verschmutzungen mit Öl oder Chemikalien ist ein Bad angebracht. Wichtig: danach, wie auch bei kranken Tieren, immer Wärme zuführen.

Tägliches Wiegen und gutes Markenfutter (s. auch Seite 123) garantieren eine erfolgreiche Pflege hilfsbedürftiger Igel.

Übrigens – Igel hören im Ultraschallbereich. Wenn Sie das Vertrauen eines Tieres gewinnen möchten, verzichten Sie auf laute Geräusche.

Winterschlaf

Der Gesetzgeber erlaubt eine Ausnahme für die Haltung der ansonsten unter Naturschutz stehenden Igel, wenn sie eindeutig hilfsbedürftig sind. Das betrifft auch die Betreuung eines kleinen Igels über den Winter, wenn folgende Kriterien erfüllt sind:

- Der Igel wiegt Ende November weit unter 500 g (je nach Gebiet).
- Der Igel ist krank, verletzt und betreuungsbedürftig.

Eine Unterbringung im Haus darf nur mit dem Ziel erfolgen, den Igel im Frühjahr wieder in die Natur zu entlassen. Alles andere ist strafbar und eines Naturfreundes unwürdig.
Am besten eignet sich dafür eine Igelkiste, die täglich gesäubert werden muß und immer mit Zeitungspapier ausgelegt sein sollte. Frisches Wasser und Futter (auch bei im Winterschlaf befindlichen Tieren) muß immer bereitstehen. Wenn immer möglich, ist für viel Auslauf zu sorgen. Kellerräume dürfen keine Temperaturen unter 15 °C aufweisen, weil der Igel sonst in einen Halbschlaf fallen kann, der sehr kräftezehrend ist. Man holt untergewichtige Tiere ja gerade deshalb ins Haus, damit sie es warm haben, wachbleiben und wachsen. Gesunde Tiere, die mit gutem Appetit fressen, nehmen rasch zu.
Ein Igel mit einem Gewicht von über 700 g kann in der Regel in einen kühleren Raum gebracht werden, damit sich die

Kuppeln aus Holzbeton (s. auch Seite 123) als Behausung für Igel.

Bereitschaft zum Winterschlaf einstellt. Es ist nicht nötig, ihn über den Winter zu füttern. Geeignet ist auch ein kleines Freigehege im Garten; das dort ausgestellte Futter muß katzensicher in einer Labyrinthkiste untergebracht werden.

Hilfen

Oberstes Ziel ist die Gestaltung einer igelfreundlichen Umwelt, die in Ihrem Garten beginnt. Eine verwilderte Ecke, Holzstapel oder Reisighaufen – und sehr schnell wird sich ein Igel einfinden. Man kann mit Bruchsteinen Hohlräume schaffen oder ein fertiges Igelhaus aus Holzbeton aufstellen. Wichtig ist der Verzicht auf Gifte und unnötige Düngemittel. Ein Lebensraum, der auch wieder Insekten leben läßt, bietet eine gute Nahrungsgrundlage für Igel.

Oft werden Gartenzäune zu Fallen, in denen viele Igel zu Tode kommen, weil sie sich in den engen Drahtmaschen verfangen. Ein Bodenabstand von mindestens 10 cm läßt ausreichend Durchschlupf.

In den Komposthaufen sollten Sie bitte niemals mit einer spitzen Gabel einstechen. Viele Igel, die sich darin eingerichtet hatten, sind auf diese Weise verletzt oder getötet worden.

Besonderheiten

Igel haben die Eigenschaft, nach intensivem Geruchskontakt, z. B. nach Ablecken von Haut (Schweiß), Speichel zu bilden und ihn unter akrobatischen Verrenkungen auf ihre Stacheln zu bringen. Mit Tollwut hat dies nichts zu tun und ist für den Menschen völlig ungefährlich.

Nahrungsangebot
Keine Empfehlungen.

Hilfen
Hierzu gehört vor allem die Aufklärung. Als reiner Fleischfresser richtet er keinerlei Schaden in den Gärten oder auf den Äckern an und wird ganz zu Unrecht verfolgt, zumal er als Insektenvertilger nützlich ist.

Der Maulwurf wird fälschlicherweise noch immer für Wühlmausschäden verantwortlich gemacht und verfolgt. Dabei läßt sich am Profil der Gänge leicht erkennen, mit wem man es zu

Geschützte Tierart: ja!
Bestandsbeurteilung: kein Eintrag in der Roten Liste.

Gelbhalsmaus

Mäuse unterliegen schon seit Jahrtausenden der Verfolgung durch den Menschen. Das ist teilweise berechtigt, weil sie Krankheiten übertragen sowie Nahrungsvorräte verschmutzen und vernichten. Doch sie haben auch ihre Bedeutung im Kreislauf der Natur, denn viele Tierarten könnten ohne das Vorhandensein von Mäusen nicht überleben.

Lebensraum
Die Gelbhalsmaus bevölkert Wälder und Wiesenraine mit hohem Grasbewuchs, Garten- und Parklandschaften mit Gebüschen und Unterholz.

Lebensweise
Gelbhalsmäuse sind in der Regel dämmerungs- und nachtaktiv und werden vom Menschen deshalb wenig wahrgenommen. Ihre Nester legen sie in Unterholzverstecken, aber

Rechts:
Die Gelbhalsmaus bewohnt oftmals Garagen und Keller.

tun hat. Der Gang der Wühlmaus (Seite 37) ist hochoval geformt, der Gang des Maulwurfs (Seite 36) ist deutlich flacher.

auch in Vogelnistkästen, alten Baumhöhlen und Erdlöchern an. Mehrmals im Jahr kommt es zur Fortpflanzung, bei der bis zu sieben Junge zur Welt kommen, die schon nach wenigen Wochen sehr schnell springen und klettern können.
Gelbhalsmäuse werden oft mit Waldmäusen verwechselt und sehen ihnen auch sehr ähnlich. Im Winter, wenn das Nahrungsangebot knapp wird und Fröste drohen, beziehen

Wie viele seiner Artgenossen ist das Braune Langohr vom Aussterben bedroht.

Die bei uns heimischen oder auch überwinternden Arten unterscheiden sich vielfältig in Farbe, Form und Aussehen und vor allem in ihrer Lebenserwartung, die je nach Art von etwa 5 bis zu 32 Jahren betragen kann. Als besonders aktive Insektenjäger haben sie alle eine herausragende Rolle in der biologischen Schädlingsbekämpfung und verdienen deshalb unseren besonderen Schutz.

Lebensraum
Je nach Art bestehend aus Wald, Park- und Gartenlandschaften, wobei einige Arten in Deutschland nur regional anzutreffen sind.

Lebensweise
Fledermäuse sind dämmerungs- und nachtaktiv und fliegen mit erstaunlicher Geschicklichkeit durch die Dunkelheit. Dazu befähigt sie eine Art Sonarsystem, mit dem sie selbst bei völliger Dunkelheit Hindernisse anpeilen und Beute erjagen können. Hierbei durchfliegen sie ein angestammtes Jagdrevier, in das sie immer wieder zurückkehren. Tagsüber schlafen sie in Baum- oder Nisthöhlen, jedoch auch auf Spei-

Entkräftet aufgefundene Fledermäuse lassen sich mit Traubenzuckerlösung und kleinen Mehlwürmern wieder aufpäppeln.

chern, Kirchtürmen und Dachböden. Außerdem nehmen sie gerne Vogelnistkästen als Wohnung. Es ist auch schon vorgekommen, daß sich eine ganze Fledermauskolonie aus Hunderten von Tieren unter dem Flachdach eines Bungalows häuslich eingerichtet hat. Ihren Winterschlaf halten Fledermäuse gern in Gemäuern, Stollen, Türmen oder alten Bunkern.
Je nach Artzugehörigkeit und Witterungsverlauf bekommen sie in den Sommermonaten ein bis zwei Junge, die von der Mutter gesäugt und teilweise auch, an die Mutter geklammert, auf die Nachtflüge mitgenommen werden.

Nahrung
Nachtfalter sowie Baum- und Bodeninsekten.

Nahrungsangebot
Mehlwürmer, Traubenzuckerlösung für Tiere in Pflege.

Hilfen
Achtung! Es besteht der Verdacht, daß es durch Bißkontakte mit einer Fledermaus (bisher bekannt von der Breitflügelfle-

Marder
53

– Großes Wiesel (Hermelin)
– Iltis (Waldiltis, Iltisfrettchen)

Die Familie der Marder gehört zu den sogenannten Raubtieren und wurde bis in die letzten Jahrzehnte noch sehr stark bejagt. Daher gelten einige Arten schon seit langem bei uns als ausgestorben, wie z. B. Nerz und Zobel. Übrigens zählen der Dachs und der Fischotter auch zu dieser Familie, wobei letzterer als ausgerottet gilt. Die aufgeführten Marderarten unterscheiden sich deutlich in ihrer Lebensweise und im Beuteverhalten, sind aber wegen der Zugehörigkeit zur gleichen Familie hier zusammen aufgeführt.
In früheren Jahren wegen ihres schönen Pelzes bejagt (Nerz, Hermelin, Baummarder), wurden sie in den letzten Jahrzehnten als Schädlinge und Jagdkonkurrenten angesehen, obwohl es erwiesen ist, daß z. B. das Mauswiesel als eifriger Mäusejäger in Haus und Garten sehr nützlich ist. Zwar machen sie sich gelegentlich sehr unbeliebt, wenn sie in Hühnerställen oder Taubenverschlägen auf Beutefang gehen und dort über alles herfallen, was lebt (Steinmarder). Doch sind sie auch wiederum außerordentliche Rattenjäger, und dieses Beispiel zeigt uns, wie vorsichtig wir mit der Einteilung Schädling/Nützling sein müssen. In den letzten Jahren sind Marder aufgefallen, weil sie an abgestellten Autos Kabel und Gummiteile durchbeißen. Warum sie das tun, weiß man noch nicht.

Lebensraum
Je nach Marderart leben sie in Wald-, Feld- und Wiesenlandschaften, aber auch in der Nähe von Gewässern oder in Bergregionen. Während einige Arten wie der Baummarder menschliche Siedlungen völlig meiden, so trifft man dort andere besonders häufig an; mancher Haus- und Gartenbesitzer hat einen Marder als Untermieter.

Lebensweise
Fast alle Marder sind dämmerungs- und nachtaktiv, die Wiesel auch tagaktiv. Sie leben in Baum-, Boden- und Steinverstecken, aber auch in Schuppen und Scheunen. Zu ihren Eigenarten gehört es, eine Duftmarke in den von ihnen bewohnten Revieren abzusetzen, die, je nach Art, mehr oder weniger aufdringlich riecht. In den Frühjahrsmonaten kommt es zum Nachwuchs mit teilweise bis zu acht Jungen, die von beiden Elternteilen geführt werden.

Mit einer Ratte als Beute kehrt das Hermelin in seinen Bau zurück.

Nahrung
Kaninchen, Ratten, Mäuse, Igel, Vögel, Frösche, Schlangen, Eier, Insekten.

Nahrungsangebot
Keine Empfehlungen.

Hilfen
Es ist gar nicht so selten, daß kleine Iltisse oder Frettchen von Menschen großgezogen werden und sehr anhänglich bei ihnen leben. Wenn uns auch das Beuteverhalten der Marder grausam erscheinen mag, so haben sie doch ihre Lebensberechtigung in unserer Natur. Gerade bei diesen Tieren sollten wir davon absehen, Einteilungen in schädlich/nützlich vorzunehmen.

Vögel

Zu den Brutvögeln, die in der Bundesrepublik anzutreffen sind, gehören 255 Arten, die teilweise akut in ihrem Bestand gefährdet sind. Als Zugvögel auf ihren Wanderwegen mitunter auch noch stark bejagt, treffen sie bei uns auf zerstörte und vergiftete Lebensräume. Nur etwa 30 Vogelarten leben ganzjährig bei uns. Wenn wir diese auch in Zukunft in unseren Gärten antreffen wollen, muß eine drastische Änderung in unserem Verhältnis zur Natur eintreten. Da Biologie und Verhaltensweisen der Vögel sehr vielfältig sind, sollen hier nur Eulen und Schwalben ausführlicher beschrieben werden, weil einige Arten bereits vom Aussterben bedroht sind.

Eulen

Geschützte Tierart: ja!
Bestandsbeurteilung: gefährdet und regional ausgestorben!

Bei uns lebende Arten:
- Schleiereule
- Sumpfohreule
- Steinkauz
- Rauhfußkauz
- Uhu
- Waldkauz
- Waldohreule

Selten bekommt der Tierfreund eine unserer heimischen Eulenarten zu Gesicht. Wenn, dann handelt es sich meist um die Schleiereule, den Steinkauz oder den Waldkauz, die wir in unseren Gärten antreffen. Ein Grund dafür, daß wir sie selten sehen, ist ihre Nachtaktivität, aber daneben gibt es auch andere Ursachen, wie Landschaftszersiedlung oder Flurbereinigung und die damit verbundene Nahrungs- und auch Lebensraumzerstörung.
Fast alle bei uns lebenden Eulenarten sind in ihrem Bestand dezimiert und teilweise vom Aussterben bedroht. Schuld daran ist bei vielen Arten auch die Ablehnung durch den Menschen. So wurde der Uhu erst in den letzten Jahren unter Naturschutz gestellt und hatte vorher unter der Verfolgung

Eine Schleiereule im Anflug auf ihr Nest. Wie alle Eulen ist sie eine fleißige Mäusefängerin.

durch den Menschen sehr zu leiden, da er vor allem von den Jägern als Beutekonkurrent angesehen wurde. Heute muß er in sehr zeit- und kostenintensiven Aktionen wieder aufgezogen und ausgesetzt werden, um für seinen Arterhalt zu sorgen. Teilweise geschieht das mit recht viel Erfolg.

Lebensraum

Wald- und Wiesenlandschaften, in denen sie sich in alten Bäumen, aber auch Scheunen und Kirchtürmen ansiedeln, wie z. B. die Schleiereule. Einige Arten bevorzugen dagegen steinige Gegenden und Felslandschaften oder, wie die Sumpfohreule, Schilf- und Graslandschaften.

Lebensweise

Eulen sind dämmerungs- und nachtaktive Tiere, von denen einige Arten gerne verlassene Nester von Krähen oder Greifvögeln bewohnen. Ihre Beutezüge unternehmen sie in offenen Landschaften, dazu in Scheunen und Ställen. In den Frühjahrs-, aber auch Herbstmonaten bekommen sie ihren Nachwuchs in Gelegen, wo je nach Art bis zu fünf Junge großgezogen werden. Bei der Schleiereule können es sogar bis zu

Der Steinkauz ist auch in den Gärten anzutreffen.

zehn Jungtiere sein. Einige Arten können zweimal im Jahr Nachwuchs bekommen, je nach Nahrungsangebot und Beuteerfolg.
Beim Überfliegen von Straßen oder Stromleitungen fallen leider viele Eulen der modernen Technik zum Opfer. Zwar gibt es Bestimmungen für Leitungsabsicherungen, aber sie werden von den Stromunternehmern nicht überall umgesetzt, weil sie zusätzliche Kosten verursachen.
Eine weitere Gefahr für den Fortbestand dieser nützlichen Tiere liegt in der tonnenweisen Anwendung von Insektiziden sowie Pestiziden in unserer Landwirtschaft. Mäuse, eine der Hauptbeuten der Eulen, sind stark mit diesen Giften belastet, die durch die Nahrungsaufnahme wiederum die Eulen und deren Nachwuchs schädigen.

Nahrung
Hauptsächlich sind Eulen Mäusevertilger, aber auch viele Kleinsäuger, Vögel und Frösche zählen zu ihrer Beute.

Nahrungsangebot
Keine Empfehlungen.

Rechts:
Heute bemüht man sich wieder um die Ansiedlung des Uhus in unseren Wäldern.

Jungvögel der Waldohreule.

Hilfen

Besonders bei vielen älteren Menschen bestehen noch Vorurteile gegen Eulen, die von Generation zu Generation weitergegeben wurden. Als nachtaktives Tier unterwegs, wurden ihre Schreie mit nahendem Unheil und Aberglauben in Verbindung gebracht. Deshalb gehört heute die Aufklärung über die Rolle der Eulen bei der biologischen Schädlingsvertilgung zu den Aufgaben von Naturfreunden. Leider sind den Eulen (wie auch den Fledermäusen) in vielen Regionen die schon vor Jahrhunderten bewohnten Kirchtürme verschlossen worden, indem man die Einflugmöglichkeiten mit Drahtgittern versperrt hat. Als Begründung werden die Verschmutzungen durch den Kot der Tiere angegeben. Auch hier tun Aufklärung und das Auffinden von eulenfreundlichen Pfarrherrn not.

Eine sofortige praktische Hilfe stellt das Anbringen von Wohn- und Nisthilfen dar, die fertig zum Kauf angeboten werden (s. Seite 123). Das Aufhängen ist aber nur dort sinnvoll, wo sich Lebensräume in der Nähe von Wald und Wiesen anbieten. Im Winter bei langanhaltender Schnee- und Frostlage können in der Nähe von Eulenbehausungen soge-

Nisthilfen von Menschenhand. Hier ein Schleiereulen-Nistkasten (s. auch Seite 123) unter dem Dach.

nannte Luderplätze eingerichtet werden. Zwei Strohballen, neben die Getreidekörner und Nüsse gestreut werden, dienen als Siedlungs- und Nahrungsraum für Mäuse, die wiederum als Beute den Eulen zu überleben helfen.

Das Füttern von hilflos aufgefundenen Eulen gestaltet sich fast immer schwierig, da die meisten Arten nur Lebendfutter annehmen. Jungtiere hingegen lassen sich auch mit kleingeschnittenen Rindfleischstückchen oder Eintagsküken von der Hühnerfarm, die mit der Pinzette angeboten werden, großziehen. Wichtig ist, die Federn mit zu verfüttern, weil dadurch die Gewöllebildung gefördert wird. Auch müssen Vitamine und Mineralstoffe in Wasser aufgelöst mit einer Pipette gegeben werden. Damit die Tiere wieder auf ein artgerechtes Leben in der Natur vorbereitet werden, muß man frühzeitig immer wieder Lebendbeute anbieten (in Form von Mäusen aus der Zoohandlung). Vielen Tierfreuden fällt es sicher schwer, diese Form der Fütterung vorzunehmen; deshalb sollten Sie Eulen in Aufzuchtstationen bringen.

Geschützte Tierart: ja!
Bestandsbeurteilung: gefährdet!

Bei uns lebende Arten:
- Mehlschwalbe
- Rauchschwalbe
- Uferschwalbe

In den Dörfern und Kleinstädten war es in den früheren Jahren Tradition, daß jedes Haus sein Schwalbennest hatte und die Hausbesitzer mit Stolz darauf schauten. Verunreinigungen an den Hauswänden nahmen sie in Kauf, und die Mehlschwalben, die sich des Gastrechts an den Häusern erfreuen durften, dankten es den Bewohnern mit emsigem Fangen von Fliegen und anderen Insekten.
Heute sieht das Bild um die Schwalben ein wenig düster aus. Ihr Bestand ist stark rückläufig, wobei die Uferschwalbe schon besonders gefährdet ist. Grund hierfür ist unter anderem die Zerstörung der Lebensräume. Viele Besitzer von Neubauten sind heute nicht mehr bereit, Verunreinigungen an ihren Hauswänden zu dulden, und häufig werden Schwalbennester abgeschlagen, obwohl es verboten ist.
Aber auch in der Landwirtschaft sind Änderungen eingetreten. Fand die Rauchschwalbe in früheren Jahrzehnten problemlos Nist-und Nahrungsraum in Scheunen und Stallungen der Bauernhöfe, so ist ihr heute meist beides verwehrt. Moderne Bautechnik bietet ihr keine geeigneten Nistmöglichkeiten mehr, und die systematische Vernichtung von Mücken und Fliegen in den Stallungen führt zum Verlust der Nahrungs- und somit Lebensgrundlage.

Lebensraum
Dörfer und Kleinstädte mit viel Landwirtschaft, Fluß- und Wasserlandschaften, Felder und Wiesen, aber auch Ton- und Kiesgruben.

Lebensweise
Schwalben sind Zugvögel und kehren alljährlich aus dem Süden in einem sehr gefahrvollen Wanderflug in ihr Geburtsland zurück. Hier bauen sie ihre Mörtelnester aus feuchter Erde und Pflanzenteilen an Hauswänden an die Unterseite von Dächern (Mehlschwalbe) sowie in Stallungen und Scheunen (Rauchschwalbe). Die Uferschwalbe nistet meist in Kies- und Sandgruben, in deren Wänden sie ihre Nest-

Im Herbst sammeln sich die Schwalben (im Bild Mehlschwalben) zum Flug in den Süden – für viele ein Flug in den Tod. Vogelfänger lauern ihnen auf.

röhre anlegt. Schwalben sind sehr gesellig und leben gern in großen Kolonien. In den Frühjahrsmonaten legen sie bis zu fünf Eier in ihre Nester, und bei günstigem Wetter kann es bis zu drei Bruten im Jahr kommen.

Nahrung
Fluginsekten

Nahrungsangebot
Keine Empfehlungen.

Hilfen
Vor Jahren machte die Deutsche Lufthansa von sich reden, als sie in einer Blitzaktion im Spätherbst junge Schwalben mit in den Süden nahm, die bei uns von einer Kältewelle überrascht worden waren und den Anschluß an ihre abgewanderten Artgenossen verpaßt hatten. Aber auch auf weniger spektakuläre Weise kann man etwas für die Schwalben tun. In den Frühjahrsmonaten kann es hilfreich sein, nestbauenden Schwalben Eimer mit feuchter Erde, vermischt mit zerhäckseltem Stroh, oder Kuhdung hinzustellen oder etwas

Nisthöhlen der Uferschwalbe, die man so nur noch selten sehen kann.

Links:
Rauchwalben nisten gern in Ställen und Scheunen. In der Aufzuchtperiode fangen sie täglich Tausende von Insekten.

davon auf den Boden zu streuen. Sie nehmen dieses Baumaterial gerne an. Hausbesitzer, die eine Ansiedlung von Rauch-oder Mehlschwalben fördern wollen, können fertige Schwalbennester aus Holzbeton an der wetterabgewandten Seite des Hauses mit mindestens 4 m Bodenabstand anbringen. In 50 cm Abstand unter dem Nest sollten sie ein sogenanntes Kotbrett befestigen, damit es hinterher keine Verärgerung über Verschmutzungen an den Hauswänden gibt. Sie können durch dieses kleine Brettchen verhindert werden, da sich hier der Kot der Tiere sammelt.
Achtung! Besonders in den Rheinauen kommt es in den Sommermonaten oft explosionsartig zur Vermehrung von Mücken. Die Schwalben jagen dann zu Hunderten in diesen Mückenschwärmen, die sich oft über Verkehrsstraßen aufhalten. Dabei werden sehr viele Schwalben von Autos getötet, deren Fahrer einfach nicht bereit sind, ihre Geschwindigkeit zu drosseln. Die Autos werden von den Schwalben aber in ihrem Beutefieber nicht wahrgenommen. Deshalb bei Vogelansammlungen immer Tempo drosseln!

Winterfütterung

Nicht wenige unserer heimischen Vogelarten sind heute in ihrem Bestand gefährdet; sogar der von vielen Menschen geschmähte Haussperling wird immer seltener. Viele Menschen erkennen diese Warnzeichen und gehen in den letzten Jahren vermehrt zur Winterfütterung über, denn in der nahrungsarmen Zeit leiden die Singvogelarten, die nicht in den Süden ziehen, um dort zu überwintern, bei uns an Kälte und Hunger.

Nun steht heute, was Natur- und Tierschutz betrifft, so ziemlich alles in der Diskussion, auch die Winterfütterung. All denen, die sich dagegen aussprechen, sei gesagt, daß sie sich erst einmal aktiv gegen die Landschaftszersiedlung und Umweltvergiftung wenden sollten. Ihr Argument, daß die Natur sich selber hilft, gilt wohl für intakte Lebensräume – aber wo gibt es die noch? Deshalb ist die Winterfütterung sinnvoll und notwendig, und sie wird von vielen Vogelschutzverbänden befürwortet, weil sie bei den Vögeln zur Arterhaltung beiträgt.

Leider ist vieles, was uns heute von der Industrie für die Winterfütterung angeboten wird, ungeeignet und oftmals von minderer Qualität. Insbesondere die meisten auf dem Markt befindlichen Vogelfutterhäuschen sind völlig unbrauchbar, weil Schnee und Nässe an das Futter gelangen können, es frieren oder gar schimmeln lassen, und so letztendlich die gutgemeinte Hilfe für den Tod vieler Vögel verantwortlich werden kann.

Leider kommen auch viele Vogelfuttermittel auf den Markt, die ihr Geld nicht wert sind. Teilweise sind sie mit Fetten verarbeitet, die nicht als Nahrung taugen, obwohl wir in Deutschland sehr strenge Gesetze haben, was die Produktion von Tierfutter betrifft. Jedem Tierfreund muß man raten, nur Markenfutter zu kaufen. Die Hersteller haben einen guten Namen zu verlieren und verarbeiten deshalb auch nur gute Produkte.

Futterangebot

Man muß unterscheiden zwischen Weichfutterfressern und Körnerfressern. Deshalb ist nicht eine Futtersorte allein für alle bei uns einkehrenden Vögel geeignet. Hier eine Übersicht der am häufigsten an den Futterplätzen anzutreffenden Vogelarten:

Körnerfresser	Weichfutterfresser
Meisen	Rotkehlchen
Feld-, Haussperling	Zaunkönig
Kernbeißer	Wintergoldhähnchen
Grünfink	Baumläufer
Buchfink	Heckenbraunelle
Bergfink	Amsel, Drossel
Dompfaff	Star
Specht	Specht
Zeisig	Zeisig
Kleiber	Kleiber

Futterplatz

Wichtig ist eine regelmäßige Fütterung nicht nur bei Frost oder Schnee, damit sich die Vögel an den Futterplatz gewöhnen. Die Futterhäuser müssen so angebracht sein, daß sich keine Katzen anschleichen können, ohne von den Vögeln bemerkt zu werden. Ebenso muß das Futterhaus täglich gesäubert werden, weil es durch Vogelkot zu Verunreinigungen kommt und sich Krankheitskeime vermehren, wie z. B. die Salmonellen, an denen die Vögel dann eingehen. Am besten eignen sich fertig angebotene Futtersilos. Hier kann es zu keiner Kotablagerung kommen, und durch mehrere Futterentnahmestellen wird auch das gegenseitige Verdrängen am Futterplatz vermieden.

Verschiedene Arten nehmen Futter nur vom Boden auf. Auch auf diese Eigenart ist zu achten – Futter bitte niemals auf den Schnee ausstreuen; am besten Bodenfuttersilos verwenden.

Was füttern?

Weichfutterfresser: Rosinen, Korinthen, Haferflocken, kleine Stückchen von Äpfeln und Birnen, Wildbeeren und kleine Fleischstückchen.

Körnerfresser: Sonnenblumenkerne, Hafer, Weizen, Hanf, Melonenkerne, Haselnüsse, Walnüsse, Meisenringe, Meisenknödel, Rosinen, Korinthen.

Achtung! Meisenknödel im Netzbeutel können Todesfallen sein, weil Vögel mit den Krallen hängenbleiben. Deshalb regelmäßig kontrollieren oder das Netz entfernen und die Knödel im Futterhaus auslegen! Ebenso darf kein gesalzenes Fett zur Futterzubereitung verwendet werden, noch dürfen gesalzene Speckschwarten ausgehängt werden.

Wasser
Es sollte wegen der Erfrierungsgefahr so aufgestellt werden, daß Vögel nicht darin baden können. Bei Minustemperaturen ist es besser, ganz auf das Anbieten von Wasser zu verzichten.

Frühjahrsfütterung
Besonders in kalten, verregneten Frühjahrsmonaten kommt es unter den Vogelbruten zu vielen Ausfällen, weil bei einem mit einer Schlechtwetterperiode verbundenen Temperaturrückgang auch die Insekten ausbleiben und die Vogeleltern nicht genug Nahrung für die Jungen auffinden. Leider können Nestlinge keine der für die Winterfütterung geeigneten Futtermittel als Nahrung verwerten. Deshalb muß in den Frühjahrsmonaten die Winterfütterung unbedingt eingestellt werden, will man die ausschlüpfenden Bruten nicht gefährden, die meist auf tierisches Eiweiß angewiesen sind. Vogeleltern können hier nicht immer unterscheiden und verfüttern die vorgefundenen Körner, was tödlich ist.
In Notfällen kann man Mehlwürmer oder Fliegenmaden aus der Zoohandlung anbieten, die in der Nähe des Nestes in einer Futterschale hingestellt werden. Auch hartgekochtes Eigelb, mit Magerquark und etwas Zwieback verknetet und durch eine 10-ml-Einmalspritze in kleine Würmchen ausgeformt, wird als Nahrung angenommen und verwertet. Am besten ist es aber immer, Insekten zu verfüttern.
Achtung! In der Brutperiode kommt es oft vor, daß Vögel ihre Nester in offenstehende Garagen bauen. Oft müssen Nestlinge verhungern, weil unbeabsichtigt vorher tagelang aufstehende Tore oder Fenster plötzlich geschlossen werden. Selbst scheinbar verlassene Nester sind oft mit Jungvögeln belegt, die sich bei menschlicher Annäherung absolut ruhig verhalten. Deshalb immer richtig kontrollieren!

Fütterung von Nestfindlingen
In den Frühjahrs- oder Sommermonaten findet man oft junge Vögel, die aus dem Nest gefallen sind oder es auch schon verlassen haben. In der Regel werden sie von ihren Vogeleltern auch auf dem Boden weiter versorgt, und bevor ein solcher Nestfindling mit nach Hause genommen wird, muß immer erst sorgfältig beobachtet werden, ob er wirklich elternlos und hilfsbedürftig ist. Wenn das wirklich der Fall sein sollte, ist der Findling erst einmal in einem warmen Nest aus Küchenpapier unterzubringen.

Winterzeit, Hungerzeit. Die richtige Futterspende (s. auch Seite 123) zur richtigen Zeit hilft vielen Vögeln, wie hier Blau- und Kohlmeise.

Ein wichtiges Kapitel ist das gewissenhafte Verabreichen von Nahrung. Mit den Fingern oder einer stumpfen Pinzette sollte beim Füttern die Anflugbewegung der Vogeleltern imitiert werden, damit der Findling seinen Schnabel öffnet und Nahrung vorsichtig hineingeschoben werden kann. Öffnet er ihn nicht freiwillig, muß versucht werden, den Schnabel mit leichter Gewalt zu öffnen, wozu viel Geduld und Ausdauer gehören. Gefüttert werden kann je nach Entwicklung jede halbe bis volle Stunde ein Futterbrei aus Magerquark mit rohem Hackfleisch und gekochtem Ei, der mit einer 10-ml-Einmalspritze oder einer stumpfen Pinzette verabreicht wird. Es eignen sich auch Fliegenmaden, Mehlwürmer oder Fliegen und Insekten, die Sie selber fangen, was dann ratsam ist, wenn die Aufzucht erfolgreich verläuft und der Findling zurück in die Natur kann.

In diesem Fall ist zu beachten, daß Jungvögel in der Natur von den Vogeleltern noch tagelang nachgefüttert werden, obwohl sie schon alleine fliegen können. In dieser „Bettelphase" muß der Findling immer noch gefüttert werden, und meist kommt er von alleine, um sich Nahrung zu holen. Bitte denken Sie auch an Vitamine und Mineralstoffe, die im Zoo-

handel als wasserlösliches Pulver erhältlich sind. Man bietet sie dem Vogel mit einer Pipette an; die Vögel lernen sehr schnell, an diesen Glasröhrchen zu trinken.
Es ist nicht unstrittig, Nestfindlinge großzuziehen, und es wird von vielen Tierfreunden schon seit Jahren mit Erfolg praktiziert. Die Tiere finden nach einer Übergangsphase oft wieder zu einem naturbezogenen Leben zurück. Daß Katzen von Nestfindlingen ferngehalten werden müssen, ist wohl selbstverständlich.

Nisthilfen für Vögel

Fast alle unsere einheimischen Vögel leiden akut unter einem Mangel an Nistmöglichkeiten, und so kommt es dann gelegentlich vor, daß Vögel sogar in abgestellten Autos ihre Nester bauen. Mit ein wenig handwerklichem Geschick sind viele Tierfreunde in der Lage, geeignete Nistkästen zu bauen und in ihrem Garten aufzuhängen oder an der Hauswand zu befestigen. Auch die Industrie bietet heute fertige Nistkästen an, von denen aber viele ungeeignet sind. Vogelnistkästen aus Plastik sind keine gute Idee. Auf deren Kauf sollte man verzichten, weil es in den Kästen zu Schwitzwasserbildung kommen kann und nur ein mangelhafter Temperaturausgleich erfolgt; beides mindert den Bruterfolg.
Von allen anerkannten Vogelschutzverbänden getestet und für gut befunden sind Nisthilfen aus Holzbeton (s. Seite 71), die atmungsaktiv sind und einer natürlichen Behausung nahekommen. Damit haben auch Vogelfreunde ohne handwerkliches Können die Gelegenheit, den Vögeln in ihrem Garten neuen Wohnraum zu bieten. Die Kosten sind fast gleich, wobei der Holzbeton eine längere Haltbarkeit als andere Materialien gewährleistet.
Da unsere Vögel eine vielfältige Lebensbiologie haben, sind sie auch auf verschiedene Nisthilfen angewiesen. Mit der Auswahl der Einfluglochgröße bestimmen Sie meist auch die Arten, die hier Wohnraum finden können. Sinnvoll ist es, verschiedene Größen zu wählen, um im Garten die Artenvielfalt zu fördern. Wenn in einem Wohngebiet auch Nesträuber vorkommen, können zudem spezielle Nistkästen angebracht werden, die z. B. vor Mardern oder Elstern schützen.
Anzahl der Nistkästen: Je Kleingarten etwa fünf Stück. Bei Vögeln muß kein Mindestabstand beachtet werden. An einem Baum können bis zu zwei Nistkästen aufgehängt werden.

Je mehr Vogelnistkästen (s. auch Seite 123) in den Bäumen hängen, um so weniger Gift braucht man im Garten, um die Ernte vor Schädlingen zu schützen.

Aufhänghöhe: In Gärten oder umzäunten Waldgebieten 1,5 bis 2 m Bodenabstand, in frei zugänglichen Gebieten 3 bis 4 m Bodenabstand, um Nestbelästigungen durch Menschen zu vermeiden.
Aufhängrichtung: Im Gartenbereich oder zwischen vielen Obstbäumen Einflugloch immer nach Südosten ausrichten, im Waldbereich immer gegen das Licht. Wo Nägel erforderlich sind, bitte keine Stahl-, sondern immer nur Alu-Nägel zum Aufhängen verwenden.
Reinigung: In den Herbstmonaten sollten die Nistkästen gereinigt und alte Nester entfernt werden. Oftmals werden sie aber noch von Siebenschläfern oder Fledermäusen bewohnt. Auch Ohrwürmer, Hummeln, Bienen und Hornissen sind oft in größerer Anzahl anzutreffen. Alle diese Tiere verdienen unseren Schutz, und wir sollten ihnen diesen auch im Vogelnistkasten gewähren.
Achtung! Bei Kälteeinbrüchen im Frühjahr könnte es sein, daß Vogelbruten zu Tode kommen. Es ist sinnvoll, in dieser Zeit die Nistkästen vorsichtig zu kontrollieren und gegebenenfalls Nester mit toten Nestlingen zu entfernen.

Einfluglochweite 26 mm: Sumpfmeise, Tannenmeise, Haubenmeise, Zaunkönig.
Einfluglochweite 32 mm: Kohlmeise, Blaumeise, Sumpfmeise, Tannenmeise, Haubenmeise, Gartenrotschwanz, Kleiber, Feldsperling, Halsband- und Trauerschnäpper, Wendehals.
Weitere Nisthilfen: Unsere boden- und heckenbrütenden Vögel wie Nachtigall, Rotkehlchen, Zaunkönig und Singdrossel dürfen wir ebenfalls nicht vergessen: Ihnen wird geholfen, indem wir auf das Schneiden von Hecken in den Frühjahrs- und Sommermonaten verzichten. Auch kleine Laub- und Reisigbereiche sind von Bodenbrütern gern genutzte Lebensräume. Wer etwas für die Vogelwelt tun will, sollte auf die Haltung von freilaufenden Katzen verzichten. Ihnen fallen jährlich Tausende von Jungvögeln zum Opfer.
Ein Wort zu Elstern und Krähen: Es ist bekannt, daß sie Vogelnester plündern. Seit allerdings auch sie durch die neue Naturschutzverordnung geschützt sind und nicht mehr abgeschossen werden dürfen, gibt es erbitterte Diskussionen darüber, ob die Entscheidung, auch Elstern zu schützen, richtig war. Um den Vögeln in Ihrem Garten bei der Brutaufzucht zu helfen und sie vor Elstern zu schützen, kann nur der Rat sinnvoll sein, diese schon beim geringsten Annäherungsversuch zu verscheuchen. Je dichter Ihr Garten mit Hecken und Sträuchern bewachsen ist, um so mehr Schutz bietet er der Vogelwelt vor Nachstellungen.

Amphibien

In der Bundesrepublik Deutschland leben 19 verschiedene Arten, die man in Schwanz- und Froschlurche aufteilt. Seit über 300 Millionen Jahren besiedeln sie unsere Erde. Das Faszinierende an diesen Tieren ist ihre Entwicklung. Geboren im Lebenselement Wasser, das sie in ihrer Jugend als Kiemenatmer bewohnen, entsteigen sie ihm, um an Land als Lungenatmer weiterzuleben. In den letzten Jahrzehnten sind Amphibien hierzulande aber so stark bedroht, daß 57 % von ihnen auf der „Roten Liste" der gefährdeten Arten verzeichnet sind, und das mit steigender Tendenz.

Salamander

Geschützte Tierart: ja!
Bestandsbeurteilung: regional weit verbreitet.

Bei uns lebende Arten:
- Alpensalamander
- Feuersalamander

Zur Gruppe der Schwanzlurche gehören die beiden bei uns heimischen Arten Alpen- und Feuersalamander. Bekannter ist aber der Feuersalamander, weil er regional noch recht häufig vorkommt und viele kleine Feuchtgebiete – und seien es auch nur kleine Brunnenschächte – bewohnt.

Lebensraum
Feuchte Waldgebiete und Alpenwiesen sowie alle Arten von Teichen und Tümpeln, Bäche und sogar wassergefüllte Wagenspuren auf Waldwegen.

Lebensweise
Im Alpengebiet bis zur Baumgrenze ist der schwarze Alpensalamander anzutreffen, der feuchte Fels-, Moos- und Baumverstecke liebt. Er bringt dort zwei Junge zur Welt, die sofort nach der Geburt selbständig sind und an Land leben. Anders der Feuersalamander. Er braucht für seinen Nachwuchs Bäche und Tümpel, in denen er in der Regel 30 und mehr Larven im Wasser ablaicht, die hier erst einmal ihre Jugend als

Kiemenatmer verbringen und nach etwa drei Monaten an Land gehen.

Wo die Natur in Ordnung ist, gibt es auch noch Feuersalamander.

Nahrung
Würmer, Schnecken, Insekten, Larven.

Nahrungsangebot
Keine Empfehlungen.

Hilfen
Eine der Hauptursachen für das Aussterben der Salamander ist das Trockenlegen von Feuchtgebieten, hinzu kommen die starken Gewässerverunreinigungen. Es hat sich gezeigt, daß die in den letzten Jahren immer häufiger angelegten Gartenteiche auch von Salamandern als Lebensraum angenommen werden. Sinnvoll ist es deshalb, in der Nähe von solchen Biotopen kleine Mauern aus Natursteinen zu errichten mit großen Zwischenräumen, in denen die Salamander Lebensraum und Schutz finden, nicht zuletzt auch Unterschlupf für den Winter.

Molche

Den Bergmolch findet man selbst in den kleinsten Gewässern.

Geschützte Tierart: ja!
Bestandsbeurteilung: teilweise vom Aussterben bedroht!

Bei uns lebende Arten:
- Bergmolch
- Fadenmolch
- Kammolch
- Teichmolch

Was die Größe der von ihnen bewohnten Gewässer angeht, so sind die Molche nicht wählerisch. Sie brauchen jedoch für ihr Überleben und ihren Nachwuchs saubere, mit Pflanzen bewachsene Feuchtbiotope – und hier liegt das Problem für die Tiere, die bekanntermaßen immer seltener vorkommen: ein Problem, dem wir uns stellen müssen, um diese uralten Arten der Lurche zu erhalten. Dazu genügt es oftmals schon, kleine Bachläufe ein wenig aufzustauen.

Lebensraum
Waldgebiete mit Bach- und Flußläufen, Feuchtwiesen, Kiesgruben sowie stehende Gewässer aller Art.

Junger Fadenmolch, der noch als Kiemenatmer im Wasser lebt. Sein Gewässer darf im Sommer nicht austrocknen.

Der Teichmolch ist ein häufiger Gast im Gartenteich.

Lebensweise

Die meisten Molche leben nur vorübergehend zur Fortpflanzungszeit (März bis Mai) im Wasser, in dem auch ihr Nachwuchs – aus 200 und mehr abgelaichten Eiern – zur Welt kommt. Sie entwickeln sich je nach Art innerhalb von zwei bis drei Monaten vom Kiemen- zum Lungenatmer und damit zu fertigen Molchen, die an Land gehen. Nur die Bergmolche überwintern bis zum nächsten Frühjahr als Molchlarven im Wasser. Ihr Leben verbringen die Molche (aus der Sicht des Menschen) als Nützlinge, denn sie vertilgen sehr viele Schädlinge.

Nahrung

Kleinschnecken, Insektenlarven, Würmer, Wasserflöhe.

Der Kammmolch liebt feuchte Wiesen und Steinverstecke. In Deutschland ist er vom Aussterben bedroht.

Nahrungsangebot
Keine Empfehlungen.

Hilfen
Die Schaffung von kleinen Feuchtgebieten ist eine vordringliche Aufgabe für den Schutz und Erhalt der Molche. In vielen Städten und Gemeinden finden sich an den Ortsrändern Reste von Feuchtwiesen oder Bachläufen, die sich für das Anlegen eines kleinen Biotops eignen. Wichtig ist es, dieses in der ersten Zeit zu umzäunen, da viele Kinder die Schaffung eines Biotops nicht erkennen und diese Wasserstellen als ideale Spielplätze ansehen, was ihnen nicht zu verübeln ist. Wenn sie aber erst einmal über ihre Bedeutung aufgeklärt sind, zeigen sie sich oftmals als die besten Naturschützer.

Geschützte Tierart: ja!
Bestandsbeurteilung: überwiegend vom Aussterben bedroht!

Bei uns lebende Arten:
- Laubfrosch
- Grasfrosch
- Wasserfrosch
- Seefrosch
- Moorfrosch
- Springfrosch

Gesunde Teiche und Gewässer erkennt man an den allabendlichen Froschkonzerten, die leider immer seltener werden, weil der Mensch diese Lebensräume zerstört. Sei es durch Trockenlegen für die Landwirtschaft oder durch Einleiten von Schmutz und giftigen Abwässern, was heutzutage immer wieder vorkommt und wohl noch Jahre anhalten wird. Alle Froscharten sind indessen auf intakte Gewässer angewiesen, weil sie für alle Amphibien die gemeinsame Kinderstube bedeuten und hier auch einige ihr Leben lang verbleiben.

Rechts:
Es grenzt an ein kleines Wunder, wenn man den Laubfrosch heute noch zu Gesicht bekommt. Es gibt ihn kaum noch.

Lebensraum
Seen, Teiche, Bäche und andere Gewässer, Feuchtgebiete, Wiesen und Wälder.

Lebensweise
In den Frühjahrsmonaten kommt es bei den Fröschen zur Fortpflanzung, bei der sie sich im Wasser paaren und ihre Eier, den sogenannten Froschlaich, ablegen. Aus diesem entwikkeln sich die allen bekannten kleinen Kaulquappen, die als Kiemenatmer unter Wasser leben und oft selbst die kleinsten Tümpel bevölkern. In den Sommermonaten kann man erleben, daß sie sich in wenigen Wochen zu kleinen Fröschen ausbilden und damit zu Lungenatmern werden. Oftmals sind sie auf Waldwegen zu Tausenden anzutreffen und leider dann auch eine leichte Beute für sehr viele Feinde.
Während nun einige Arten ihrem Lebenselement Wasser treu bleiben wie der Wasserfrosch, ziehen andere es vor, in Wäldern, Wiesen und Gärten zu leben. Dort machen sie sich in den Abend- und Nachtstunden als Vertilger von allerlei Insekten nützlich.

Rechts:
Den Grasfrosch trifft man auf Feuchtwiesen noch am häufigsten an.

Auf das Schild „Vorsicht Krötenwanderung" sollten die Autofahrer im Frühjahr besonders achten.

Nahrung
Sind sie anfangs als Kaulquappen Vegetarier, die auf Algen angewiesen sind, so vertilgen sie später als Frösche Insekten, Spinnen, Schnecken.

Nahrungsangebot
Keine Empfehlungen.

Links:
Oben: Die Lebensräume aller Wasser- oder Teichfrösche sind intakte Feuchtgebiete, Flüsse und Teiche.
Unten: Seefrosch.

Hilfen
Bei der Schaffung von Gartenteichen und Feuchtbiotopen in reinen Wohngebieten sollte man auf das Aussetzen von Froschlaich zum Zwecke der Ansiedlung von Fröschen verzichten. Meist sind Wohngebiete als Lebensraum für Frösche nicht geeignet, und in den Sommermonaten kommt es an den jungen Fröschen dann oft zu grausamen Quälereien durch Hauskatzen. Sinnvoll ist es vielmehr, in Zusammenarbeit mit örtlichen Naturschutzorganisationen oder in Eigeninitiative mit Hilfe von Kreis- oder Gemeindeverwaltungen große Feuchtbiotope in Garten- oder Parkanlagen außerhalb von Wohngebieten einzurichten.

Kröten und Unken

Geschützte Tierart: ja!
Bestandsbeurteilung: gefährdet und teilweise vom Aussterben bedroht!

Bei uns lebende Arten:
- Gelbbauchunke
- Rotbauchunke

Durch die Verwendung chemischer Pflanzenschutzmittel auf den Feldern wurde die Gelbbauchunke nahezu ausgerottet.

- Erdkröte
- Geburtshelferkröte
- Kreuzkröte
- Knoblauchkröte
- Wechselkröte

Alljährlich in den Frühjahrsmonaten kommt es auf unseren Straßen zum millionenfachen Tod von Kröten. Meist sind es die Erdkröten, die bei der Wanderung zu ihren Laichgründen, die sie nach dem Erwachen aus der Winterstarre im März und April aufsuchen, von den Autos beim Überqueren der Straßen, die ihre Lebensräume durchschneiden, erfaßt werden. Obwohl dieses Problem schon lange bekannt ist und sich vielerorts Schutzinitiativen bilden, wird es noch viele Jahre dauern, bis endlich ein einheitliches Straßenbaukonzept in die Tat umgesetzt wird. Planungen sind erstellt, und bei Straßenneubauten werden auch Krötentunnel mit eingeplant. In den letzten Jahren stellten die Straßenbauverwaltungen auch Hinweisschilder auf, die auf Krötenwanderungen hinweisen. Wie bei fast allen Naturschutzbemühungen fehlt es aber auch hier an Geld und dazu leider bei vielen

Erdkröten fallen im Frühjahr leider zu Tausenden dem Straßenvekehr zum Opfer.

Autofahrern auch an der Bewußtseinsbildung, daß wir es uns nicht mehr leisten sollten, Tierleben, und seien es auch „nur“ Kröten, zu vernichten.

Ein weiteres Übel, das die Krötenbestände teilweise akut gefährdet, ist das Trockenlegen von Feuchtgebieten. Wenn die Tiere im Frühjahr an ihren gewohnten Laichplätzen ankommen, sind sie nicht in der Lage, auf die veränderte Situation zu reagieren. So geht wertvoller Tierbestand für unsere Natur verloren, was um so betrüblicher ist, als Kröten und Unken sich als Insektenvertilger in unseren Gärten und in der Landwirtschaft sehr verdient machen.

Eine andere Gefahr stellt die Verwendung von Schneckenkorn oder Unkrautvernichtungsmitteln dar. Sie verätzen die Haut der Kröten, und die davon betroffenen Tiere kommen immer zu Tode.

Lebensraum

Teiche, Tümpel und andere Gewässer sind die bevorzugten Lebensräume aller Kröten, die sie für ihre Fortpflanzung brauchen. Wie die Frösche verbringen sie hier auch ihre Entwicklungszeit, indem sie aus den abgelegten Eiern als schwarze Kaulquappen ausschlüpfen und sich in etwa sechs Wochen zu ihrer Krötenform ausbilden. So wie die meisten Frösche wandern sie in Laub- oder Mischwälder, Feuchtwiesen, aber auch in Gärten, Parks oder Kiesgruben ab.

Lebensweise

Kröten und Unken sind vorwiegend dämmerungs- und nachtaktiv. Bei der Beutesuche entwickeln sie eine erstaunliche Geschicklichkeit und auch Geschwindigkeit. Sprungweiten von 1 bis 2 m sind keine Seltenheit; einige Krötenarten wie die Kreuzkröte können auch richtig laufen. Alle Kröten haben die Fähigkeit, zum Schutz vor Feinden Duftsekrete auszuscheiden. Durch die bei den meisten Arten vorhandene große kehlständige Schallblase können sie laute Töne erzeugen, aber bei Gefahr auch wimmernde Laute ausstoßen.

Wenn sie nicht ihren vielfältigen Feinden zum Opfer fallen, können Kröten 30 und mehr Jahre alt werden. Obwohl sie auf den Menschen meist häßlich wirken, haben sie die erstaunliche Eigenschaft, Betreuer, die sich ihrer annehmen, an der Stimme zu erkennen; andererseits reagieren sie mit Nahrungsverweigerung, wenn sie von Fremden betreut werden.

Nahrung

In ihrer Entwicklungszeit als Kaulquappen sind Kröten reine Vegetarier, die an den Wasserpflanzen die Algen abweiden. Ansonsten verzehren sie Würmer, Schnecken, Asseln sowie Insekten aller Art.

Nahrungsangebot

Keine Empfehlungen.

Hilfen

Viele Schutzmaßnahmen, insbesondere die Straßenabsicherung mit Krötenschutzzäunen in der Wanderperiode im Frühjahr, gehen vielerorts noch auf Privatinitiativen zurück. Wer Gefährdungsbereiche kennt, sollte dies immer der Naturschutzbehörde mitteilen und den Versuch unternehmen, über Presse oder Vereinskontakte Maßnahmen wie Straßenabsicherung und Straßenüberquerungshilfen zu erreichen. Mittlerweile bieten einige Firmen (s. Seite 123) fertige Krötenschutzzäune an, hinter denen im Abstand von 10 m Eimer in die Erde eingegraben werden. Hier brauchen

Rechts:
Auch die Wechselkröte ist leider vom Aussterben bedroht.

die Kröten oder Frösche dann nur noch eingesammelt und über die Straße getragen werden. Dabei ist immer auf die eigene Sicherheit zu achten. Tragen von roten Signalwesten wird empfohlen sowie die Unterrichtung der örtlichen Polizei über die Schutzaktion.

Achtung! In den eingegrabenen Kröteneimern kann sich Regenwasser sammeln, und viele Kleintiere, die dort hineinfallen, ertrinken.

Bitte immer ein Loch in die Eimer stanzen und jeweils einen kleinen Reisigast in die Eimer stecken als Notausstieg für Mäuse und Käfer.

Geburtshelferkröte.

Reptilien

Eidechsen

Zu den zwölf Arten, die in der Bundesrepublik Deutschland vorkommen, gehören Eidechsen und Blindschleichen.

Geschützte Tierart: ja!
Bestandsbeurteilung: einige Arten stark gefährdet bzw. vom Aussterben bedroht.

Bei uns lebende Arten:
- Bergeidechse
- Mauereidechse
- Smaragdeidechse
- Waldeidechse
- Zauneidechse

Viel mehr als jede andere Tierart lieben die Eidechsen die Sonne und sind deshalb besonders an Südhängen von Weinbergen oder Steinbrüchen häufig anzutreffen. Dieser von ihnen bevorzugte Lebensraum ist in den letzten Jahren aber leider auch zu ihrer Todesstätte geworden. Das intensive Besprühen der Weinbaugebiete mit Schädlingsbekämpfungsmitteln, die immer häufiger flächendeckend mittels Hubschraubern ausgebracht werden, ist als Hauptursache dafür anzusehen. Arten wie die Smaragdeidechse sind bei uns deshalb vom Aussterben bedroht und nur noch äußerst selten anzutreffen.

Lebensraum
Mauerverstecke, Bahndämme, Weinberge sowie trockene Graslandschaften, Hecken, Gärten, Steinbrüche.

Lebensweise
Eidechsen sind tagaktiv. Sie liegen auf besonnten Steinen oder Plätzen und sind in der Lage, sich bei Gefahr blitzschnell in ihre Verstecke zu begeben. In den Sommermonaten kommt es bei den meisten Eidechsen zur Eiablage. Nur Berg- und Waldeidechsen legen keine Eier, sondern bringen bis zu zehn lebende Junge zur Welt.

Bei Kämpfen der Männchen untereinander, aber auch bei Gefahr, können sie ihren Schwanz verlieren, der jedoch stückweise wieder nachwächst. Vor Nachstellungen von Feinden schützt sie außerdem ihr Schuppenkleid, das sich in der Farbe der Umgebung angleicht. Den Winter verbringen Eidechsen in einem monatelangen Starrezustand in Erdhöhlen und Steinverstecken.

Nahrung
Insekten, Würmer, Schnecken, junge Frösche.

Nahrungsangebot
Keine Empfehlungen.

Hilfen
Wie viele andere Tierarten leiden auch die meisten Eidechsen unter der Zerstörung ihrer Lebensräume. Eine kleine Natursteinmauer, die unverfugt bleibt und an einem besonnten Platz steht, wird gerne als neue Wohnstatt angenommen. Zudem muß das Umfeld naturgemäß sein und die Ansiedlung von Insekten ermöglichen. Bestens geeignet sind kleine verwilderte Gartenecken, in deren Nähe auch kein Gras gemäht werden sollte.

Blindschleiche

Geschützte Tierart: ja!
Bestandsbeurteilung: kein Eintrag in der Roten Liste.

Obwohl die Blindschleiche wie eine kleine Schlange aussieht und dadurch bei vielen Menschen aus Unkenntnis heraus Angst und Abscheu hervorruft, wofür sie jahrzehntelang mit Vorurteilen verfolgt wurde, zählt sie zu den Eidechsen und ist völlig ungefährlich. Sie ist auch nicht blind, wie man vermeintlich aus ihrem Namen ableiten könnte. Mit ihren beiden kleinen Augen kann sie hervorragend sehen und blitzschnell Beute machen. Leider gibt es immer wieder Gartenbesitzer, die Blindschleichen aus ihren Komposthaufen ausgraben und töten, weil sie die Regenwürmer fangen. Das ist ein verbotenes und zumal noch unsinniges Unternehmen, weil die Nützlichkeit der Blindschleichen als Schädlingsvertilger weitaus größer ist als der vermeintliche Schaden durch das Fressen der Regenwürmer.

Links:
Eidechsen lieben die Sonne, auch diese Mauereidechse.

Lebensraum
Bahndämme, Steinbrüche und jegliche Art von besonnten, aber feuchten Mauerverstecken wie auch Komposthaufen und Gartengehölze. Leider kommt es in den Frühjahrsmonaten immer wieder zu Todesfällen durch das unsinnige und auch verbotene Abbrennen von Wiesen und Feldern. Die Tiere befinden sich in diesen Monaten noch in der Winterruhe und können der Gefahr somit nicht ausweichen.

Rechts:
Blindschleichen sind nützliche Insektenfänger.

Lebensweise
Blindschleichen sind tag- und dämmerungsaktiv und können sich sehr schnell bewegen. Sie erreichen eine Länge von fast einem halben Meter. Durch ihre Vorliebe für Sonnenbäder auf Feld- und Wanderwegen, die sie auch gerne als Jagdrevier nutzen, sind wir in der Lage, sie oftmals zu sehen und zu beobachten. In den Sommermonaten, meist im Mai, kommt es zur Fortpflanzung, wobei nach einer Tragezeit von etwa drei Monaten in ihrem Nest oftmals 20 Junge und mehr zur Welt kommen. Sie befinden sich in einer Eihülle, die bei der Geburt aufreißt.

Nahrung
Regenwürmer, Nacktschnecken und Insekten.

Rechts:
Die völlig harmlose Ringelnatter wird leider noch immer grundlos verfolgt.

Nahrungsangebot
Betreuungsbedürftige Blindschleichen lassen sich mit Regenwürmern, gekochtem Ei sowie Maden und Mehlwürmern ernähren.

Hilfen
Gartenbesitzer, die gerne Blindschleichen ansiedeln wollen, sollten darauf verzichten, ihren Rasen zu düngen und zu mähen. Auch der Aufbau einer kleinen Bruchsteinmauer bietet neuen Lebensraum.
Wenn Blindschleichen durch Tritte oder von Rasenmähern verletzt wurden, bleiben sie oft mit aufgeplatzter Haut im Gras hängen und können sich nicht mehr befreien. Findet man ein verletztes Tier, so ist es sinnvoll, dies in einem kleinen Karton unterzubringen, der mit Gras ausgelegt wurde. Offene Wunden kann man mit einer Wundsalbe (Bepanthen) behandeln sowie dreimal täglich je drei Minuten mit Rotlicht bestrahlen. Die Freisetzung sollte in den Abendstunden am Fundort erfolgen.

Geschützte Tierart: ja!
Bestandsbeurteilung: gefährdet!

Alle in unseren Breiten beheimateten Schlangenarten waren und sind der Verfolgung durch den Menschen ausgesetzt. Grund hierfür ist das Vorurteil, daß alle Schlangen giftig und gefährlich seien, was aber auf die Ringelnatter und auf die meisten bei uns beheimateten Arten nicht zutrifft.

Lebensraum
Wald- und Wiesenlandschaften, wobei sie Feuchtgebiete bevorzugt, aber auch Park- und Gartenlandschaften sowie Felder und Steinbrüche besiedelt.

Lebensweise
Hauptsächlich tagaktiv, durchstreift sie die Landschaft auf der Suche nach Beute; sie kann auch klettern und tauchen. Oftmals findet sich im Komposthaufen im Garten oder aber in Strohhaufen auf dem Bauernhof ein Ringelnatternest mit bis zu 25 Eiern, die hier in den Sommermonaten abgelegt werden. Zu ihren Feinden zählen unter anderem auch Störche, die aber in vielen Bundesländern schon nicht mehr beheimatet sind. Die Tiere sind für den Menschen völlig harmlos, und Angst vor ihnen ist unbegründet. In den Wintermonaten verbirgt sich die Ringelnatter unter Steinverstecken sowie in Erdlöchern und hält hier ihre Winterruhe.

Nahrung
Fische, Frösche, Lurche und kleine Nagetiere.

Nahrungsangebot
Keine Empfehlungen.

Hilfen
Keine Empfehlungen.

Insekten

Bienen

Geschützte Tierart: ja!
Bestandsbeurteilung: gefährdet bzw. vom Aussterben bedroht!

Etwa 570 Wildbienenarten leben in Deutschland, und dennoch ist den meisten Menschen nur die Honigbiene bekannt, die schon seit Jahrtausenden als Haustier gehalten wird und sehr viel Nutzen bringt. Einen ähnlichen Nutzen bringen aber auch alle Wildbienenarten für unseren Naturhaushalt; es wäre sehr schlecht um ihn bestellt, wenn es sie eines Tages nicht mehr gäbe. Der Mensch ist schon auf dem besten Wege, dies zu schaffen. Es sind die allseits bekannten Ursachen: Gifte, Landwirtschaft, Landschaftszerstörung, die für den Rückgang unzähliger Bienenarten verantwortlich sind.
Besonders in Regionen, in denen intensiver Obstanbau betrieben wird, machen sich viele Obstbauern durch ihre Sprühaktionen gegen Schädlinge am Aussterben der Bienen mitschuldig. Dabei sind gerade sie auf die Bienen angewiesen: Nur weil die Bienen Blüten bestäuben, gibt es auch Obst. Leider fordert auch der Straßenverkehr viele Opfer unter den Bienen.

Lebensraum
Je nach Artzugehörigkeit Wald- und Wiesenlandschaften, Wiesen und Auen sowie Böschungen, Gärten und Parks, Kies- und Sandgruben.

Lebensweise
Wildbienen unterscheiden sich von den Honigbienen in der Form, daß sie keine Staatengemeinschaft bilden, sondern solitär leben. Sie sorgen allein für sich und ihre Nachkommen, mit denen sie aber nicht zusammenleben. Als tagaktive Insekten durchfliegen sie unsere Gärten und Wiesen, wo sie mit emsigem Einsammeln von Nektar und Pollenstaub zur Befruchtung der meisten Blütenpflanzen beitragen und damit Grundlage für deren Weiterbestand sind.
Je nach Art leben sie in Erd- oder Baumnestern, die sie meist nur in kleinen, gutnachbarschaftlichen Kolonien bewohnen.

Ihre Eier legen sie in Brutzellen ab, die sie mit Nektar und Blütenstaub füllen; er dient als Nahrungsvorrat für die Larve, aus der wiederum eine Wildbiene heranwächst. Viele Arten bevorzugen die unterschiedlichsten Brutplätze. Es können z.B. Lüftungslöcher von Fensterrahmen sein oder an Hauswänden klebende Brutzellen aus Lehm, wie sie die Rote Mauerbiene anfertigt. Man sollte sie nicht unbedacht entfernen, sondern sich freuen, einer gefährdeten Tierart neuen Wohnraum bieten zu können.

Nahrung
Nektar und Blütenstaub.

Nahrungsangebot
Keine Empfehlungen.

Hilfen
Neben dem Verzicht auf alle Pflanzenschutzmittel ist die Wohnraumbeschaffung für Wildbienen eine große Hilfe. Hierzu geeignet sind sogenannte Insektennisthölzer, die der Fachhandel anbietet (s. Seite 123). Da die Wildbienenarten, die im Holz nisten, sich ihre Höhlungen nicht selber bohren, wird ein Nistholz gerne angenommen. Angebracht wird das Holz in sonniger, windgeschützter Lage, aber bitte nicht in der Nähe von Terrassen oder Gartenecken, die im Sommer als Sitzplatz genutzt werden. Man könnte sich von den Tieren, die ein- und ausfliegen, belästigt fühlen.
Eine Unsitte ist übrigens das alljährliche Pflücken von Weidenkätzchen für die Vase. Diese frühen Blüten stellen in den ersten Frühlingswochen eine wichtige Nahrungsgrundlage für alle Wildbienen dar. Im übrigen ist das Pflücken von Weidenkätzchen auch verboten!

Hummeln

Geschützte Tierart: ja!
Bestandsbeurteilung: vom Aussterben bedroht bzw. potentiell gefährdet!

Bei uns lebende Arten:
- Ackerhummel
- Gartenhummel
- Große Hummel
- Keusche Schmarotzerhummel
- Mooshummel

Links:
Mit der Anpflanzung einheimischer Blumen bietet man den Bienen (im Bild eine Seidenbiene) eine neue Lebensgrundlage.

Man glaubt es kaum, auch Hummeln, wie die Wiesenhummel, gehören heute zu den stark gefährdeten Insekten.

- Steinhummel
- Wiesenhummel
- dunkle und helle Erdhummel

Bei unseren heimischen Hummelarten wird unterschieden zwischen langrüsseligen und kurzrüsseligen. In ihrem Bestand sind sie akut gefährdet; allein von den bei uns vorkommenden 36 Arten ist fast die Hälfte regional nicht mehr anzutreffen. Schon der Ausfall einer einzigen Stockmutter im Frühjahr, z. B. durch Autotod, hat den Verlust von Hunderten von Hummeln zur Folge, da die Mutter ja zuerst allein für die Aufzucht zuständig ist.

Lebensraum
Wald- und Wiesenlandschaften, Hecken, Felder und Gärten.

Lebensweise
Hummeln leben in Staaten, die aber nur ein Jahr bestehen. Ihre Nester bauen sie, je nach Art, unterirdisch oder unter Steinen, Gras- oder Laubverstecken und auch in verlassenen Mauselöchern. Hier oder in anderen Schlupfwinkeln über-

wintern die im Spätherbst befruchteten jungen Weibchen und beginnen im Frühjahr, meist schon im März, allein auf sich gestellt, mit der Gründung eines neuen Hummelvolkes. Durch ihre besondere Fähigkeit, bei manchen Blüten die nektarhaltige Kronröhre aufbeißen zu können, machen sie ihren Artverwandten, den Honig- und Wildbienen, erst den Weg zum Nektar frei und tragen somit zu deren Arterhalt bei. Durch ihren außerordentlichen Sammelfleiß befruchten sie außerdem viel mehr Pflanzen als die Bienen und zeigen damit ihre Bedeutung für unseren Naturhaushalt.
Hummeln haben die Eigenschaft, scheinbar unbedeutende Bodenlöcher als Wohnstatt zu beziehen. Um diese Völker nicht zu gefährden, sind bei Veränderungen im Garten, z.B. beim Neuanlegen von Beeten oder Grasflächen, immer erst sorgfältige Beobachtungen nötig. Es ist etwas besonders Beeindruckendes, wenn man ein Hummelvolk in seinem Lebensbereich schützen und sich an seinem Anblick erfreuen kann.

Nahrung

Nektar und Pollen vor allem von Löwenmaul, Schlüsselblume, Weidenkätzchen, Obstbäumen, Wiesensalbei.

Ein Hummelnistkasten (s. auch Seite 123) aus Holzbeton kann diese Insekten wieder in den Garten locken.

Nahrungsangebot
Keine Empfehlungen.

Hilfen
Neben dem Anbau der genannten Pflanzen im Garten ist das Aufstellen von Hummelnistkästen (s. Seite 97) eine große Hilfe für den Arterhalt. Sie bieten einen geschützten Unterschlupf, denn auch Hummeln leiden unter der Verfolgung durch viele Feinde, wie z. B. durch die Wachsmotte, deren Larven ganze Hummelvölker zerstören.
In den kalten Frühjahrs- oder Herbstmonaten findet man oft unterkühlte Hummeln, die schon bei Temperaturen um +5 °C im Februar/März ausfliegen. Durch leichtes Anhauchen mit der warmen Atemluft und einer Futterspende von Rohrzucker und Fruchtzucker, aufgelöst zu gleichen Teilen mit Wasser, kann man schnell Hilfe leisten. Honig sollte nicht angeboten werden. Im Honig befinden sich Sporen des Bienenparasiten *Nosema apis*, eines Darmparasiten, der Hummeln schadet. Leider gibt es noch sehr viele Menschen, die sich vor Hummeln ängstigen und nach ihnen schlagen. Dabei sind sie völlig friedfertig und stechen nur in den allerseltensten Fällen. Wer sie sachte anfaßt, kann sie deshalb gefahrlos aufheben.

Hornissen

Geschützte Tierart: ja!
Bestandsbeurteilung: regional gefährdet!

Obwohl sie ein außerordentlich nützlicher Insektenjäger ist, wird die Hornisse fast immer verfolgt. In großangelegten Aktionen werden die Nester zerstört oder ausgeräuchert, was z.T. verständlich scheint, wenn man an die Schmerzhaftigkeit eines Hornissenstiches denkt. Er kann bei Menschen, die zu allergischen Reaktionen neigen, wirklich bedrohlich sein. Wenn aber vom Volksmund überliefert wird, daß drei Stiche tödlich seien, dann gehören diese Berichte in das Reich der Fabel. Niemand käme auf die Idee, ein Bienenvolk zu vernichten, obwohl auch die Bienen recht schmerzhaft stechen können.
Hornissen greifen nur an, wenn sie sich bedroht fühlen, und hier beginnt der fatale Kreislauf. Der Mensch fühlt sich von der Hornisse bedroht, also will er sie vernichten. Die Hornisse wird vom Menschen bedroht, also sticht sie. Dort, wo der Mensch zu der Erkenntnis gekommen ist, daß auch diese

Rechts:
Hornissen sind unbeliebt und fälschlicherweise als gefährlich verrufen. Im Gegenteil: Sie sind nützlich und stehen unter Naturschutz.

Innenansicht eines Hornissennestes.

Tierart ihre Daseinsberechtigung hat, herrscht friedliche Eintracht.

Lebensraum
Meist Garten-, Wiesen- und Waldlandschaften mit alten, hohlen Bäumen. Siedelt aber auch gerne in Scheunen, Schuppen und Dachspeichern.

Lebensweise
Ebenso wie die Hummel führt die Hornisse ein Leben in einer Staatengemeinschaft, die von dem überwinternden befruchteten Weibchen aufgebaut wird und einige tausend Tiere enthalten kann. Da ihr Lebensraum immer mehr eingeengt wird, finden sich Hornissennester oft auch auf Dachböden und rufen dann unnötige Panik hervor. Diese zapfenförmigen Nester bestehen aus Zellulose, die von den Hornissen aus zerkauten Holzstückchen hergestellt wird; ihr Bau erfordert viel Mühe und Zeitaufwand. Meist werden die Nester an Dachbalken oder auch in Vogelnistkästen aufgehängt.

Ein Sortiment verschiedener Nistkästen aus Holzbeton für Hornissen und Fledermäuse.

Nahrung
Nektar, Obst und Pflanzensaft sowie Insekten und Larven.

Nahrungsangebot
Keine Empfehlungen.

Die Vorurteile, mit denen der Mensch der Hornisse begegnet, sind so groß, daß sich fast niemand dazu überreden läßt, die Ansiedlung dieser Insekten zu tolerieren. Aufgefundene Nester sollten nicht mit Gewalt zerstört, sondern allenfalls vorsichtig umgesiedelt werden. Das Hornissennest kann in einem Weidenkorb an einer regengeschützten unbewohnten Stelle in einer Gartenecke an einen Baum gehangen werden. Dabei ist jedoch mit massiven Angriffen der Hornissen zu rechnen, je nach Entwicklungsstand des Nestes. Ratsam ist die Mithilfe eines naturfreundlichen Imkers mit seinen Erfahrungen und Schutzmöglichkeiten.

Wespen

Geschützte Tierart: ja!
Bestandsbeurteilung: gefährdet bzw. vom Aussterben bedroht!

Zu den bei uns am häufigsten lebenden Wespenarten zählen die Deutsche Wespe und die Gemeine Wespe. Neben diesen noch recht häufig vorkommenden Arten gibt es aber viele andere aus der Familie der Grab- und Wegwespen, die teilweise vom Aussterben bedroht oder aber gefährdet sind. Zu ihnen gehören z. B. Birkenkeulhornwespen, Kreiselwespen, Knopfhornwespen, Dolchwespen.

Lebensraum
Wald, Feld, Wiesen, Gärten, Sanddünen und Sandgruben.

Dort, wo ein Wespennest zur Gefahr wird, kann es leicht entfernt und umgesiedelt werden.

Rechts:
Wespen lassen sich gerne von Süßem anlocken und werden vom Menschen als Belästigung empfunden. Um sie zu vertreiben, muß es nicht gleich Gift sein, denn Wespen sind auch nützliche Insektenvertilger.

Wespen
103

Die Grabwespe bildet keine Staaten, sondern lebt allein.

Lebensweise

Es ist die Deutsche Wespe, die uns in den Sommermonaten das Leben schwer macht. Sobald wir etwas Süßes essen, schon ist sie da und flößt Angst ein, zumal sie schmerzhaft stechen kann. Gerade deshalb sollte man nicht ständig nach ihr schlagen.

Sie hat die gleichen Lebensgewohnheiten wie die Hornisse, baut aber ihre Nester meist unterirdisch. Auch die Wespenstaaten leben nur ein Jahr. Ihre Larven ernähren die Wespen nur mit erbeuteten Insekten und sind deshalb bei aller vermeintlichen Belästigung für den Menschen sehr nützlich.

Obwohl auch zur Wespenfamilie gehörend, haben die Grabwespen eine andere Lebensweise. Sie bilden keine Staaten und sorgen für ihre Nachkommenschaft, indem sie ihre Eier auf Raupen ablegen, die sie mit einem Stich lähmen und dann in unterirdischen Brutkammern deponieren. Die aus dem Ei geschlüpfte Wespenlarve frißt sich in die Raupe, und nach einer Verpuppungszeit schlüpft aus ihr die neue Wespe. So grausam uns diese Fortpflanzungsmethode auch erscheinen mag, so nützlich sind die Grabwespen als Insektenvertilger. Als erwachsene Tiere ernähren sie sich aber von Nektar.

Nahrungsangebot
Keine Empfehlungen.

Hilfen
Gartenbesitzer, die sich ohne Einsatz von Giften vor Schädlingen schützen wollen, sollten Nisthölzer aufhängen, die für viele nützliche Wespenarten (Grabwespen, Faltwespen) Brutraum darstellen. Morsche Bäume, auf die sie nun einmal angewiesen sind, gibt es in unseren Gärten immer seltener. Als Ersatz genügt ein einfaches Stück Holz, in das reihenweise Löcher gebohrt werden. Auf eine sonnige windgeschützte Plazierung sollte man achten.

Libellen

Geschützte Tierart: ja!
Bestandsbeurteilung: vom Aussterben bedroht bzw. gefährdet!

Die bei uns lebenden Libellenarten unterteilt man in zwei Gruppen, Großlibellen und Kleinlibellen. Beide zeigen eine außerordentliche Artenvielfalt, die leider regional akut bedroht ist. Als Bewohner von Gewässerlandschaften reagieren Libellen sehr empfindlich auf menschliche Eingriffe in ihren Lebensbereich. Sie werden Opfer der Trockenlegung von Feuchtgebieten sowie der immer mehr zunehmenden Verschmutzung unserer Bäche und Seen. Selbst von Behörden angelegte Feuchtbiotope werden oft sinnlos vernichtet und damit bestehende Lebens- und Nachwuchsgrundlagen zerstört – teils aus Unkenntnis der Zusammenhänge, teils aus fehlendem Willen, Kompromisse einzugehen.
Eine weitere Ursache der Gefährdung ist die ständige Ausbreitung des Angelsports. Zwar kommt vielen Anglern ein großer Verdienst bei der Reinhaltung von Gewässern zu, doch ist zur Artenerhaltung der Libellen ein Verzicht auf viele Angelgebiete vonnöten.

Lebensraum
Bäche, Flüsse, Teiche und Seen mit Gras- und Riedbewuchs, aber auch Schilfbestände und Moorlandschaften.

Lebensweise
Zu den Libellenarten, die uns wohl noch am häufigsten begegnen, gehören die verschiedenen Arten der Azurjungfern. In den Sommermonaten paaren sich die Libellen, und

gemeinsam mit ihrem Partner fliegen sie zu Teichen und Seen. Dort wird die mühevolle Eiablage im Wasser durchgeführt oder zwischen Pflanzenstengeln, die bis ins Wasser reichen. In einem Zeitraum von einigen Monaten bis zu drei Jahren (je nach Art) entwickeln sich die Larven, die auf dem Grund des Gewässers leben. Besonders in dieser Zeit sind sie sehr durch Eingriffe in ihren Lebensraum gefährdet, seien es Gewässerabsenkungen oder Einleitungen von Gülle, die durch Regen von benachbarten Feldern eingeschwemmt wird. In den Monaten Mai/Juni schlüpfen aus den Larven die Libelle, deren Farbenschönheit uns bis in den Herbst erfreut.

Ohne die bunt schillernden Libellen (hier eine Blaugrüne Mosaikjungfer) wären die Gewässer nur halb so interessant.

Nahrung

Insekten aller Art.

Die Libellenlarve verbringt ihre „Kindheit" im Wasser.

Nahrungsangebot
Keine Empfehlungen.

Hilfen
Durch ihre Größe als Fluginsekt beeindrucken die Libellen viele Menschen, rufen aber auch bei manchen gleichzeitig Angst hervor, die völlig unbegründet ist, weil Libellen nicht stechen können.
Aktive Hilfe für Libellen bedeutet neben dem Abbau dieser Vorurteile auch die Erhaltung und Schaffung geeigneter Lebensräume. Dazu gehören auch Gartenteiche, die sich Hausbesitzer immer häufiger anlegen, teils weil es Mode geworden ist, teils aber auch, weil sie aktiven Naturschutz betreiben wollen. Dazu gehört es, die Ansiedlung von Libellen zu tolerieren und durch die Auswahl geeigneter Wasserpflanzen, wie z. B. von Dotterblume, Dreispaltiger Binse oder Wasserknöterich, zu fördern.
Auf die Ansiedlung von Fischen in Ihrem Gartenteich sollten Sie als Naturfreund verzichten, wenn Sie Lebensraum für Libellen schaffen wollen. Die Libellenlarven würden von den Fischen, und seien es nur Goldfische, gefressen werden.

Geschützte Tierart: ja!
Bestandsbeurteilung: vom Aussterben bedroht bzw. potentiell gefährdet!

Schmetterlinge

Bei uns leben etwa 2400 Arten. Man unterscheidet Groß- und Kleinschmetterlinge oder in einer anderen Unterteilung Tag- und Nachtfalter, zu denen auch die Motten zählen. Über 40% der bei uns beheimateten Schmetterlingsarten sind akut in ihrem Bestand bedroht, und eine Reihe von Arten gilt schon als ausgestorben. Viele Wissenschaftler sehen die Schmetterlinge als Bioindikatoren an, die durch ihre Lebensäußerungen anzeigen, wie vergiftet und belastet die Natur schon ist. Wenn die Schmetterlinge nicht mehr leben können, dann werden wir Menschen es irgendwann auch nicht mehr können.

Lebensraum
Wald, Feld- und Wiesengelände, Gärten, Parks, Feldgehölze, Bahndämme sowie Buschgelände.

Lebensweise
Alle Schmetterlinge sind auf den Nektar von Blüten angewiesen, den sie mit ihrem langen, aufrollbaren Rüssel aufnehmen. Sie spüren ihn mit dem Geruchssinn auf, der über ihre empfindlichen Fühler gesteuert wird. Im Herbst, wenn sich in unseren Breiten das Nahrungsangebot verringert, begeben sich deshalb einige Arten auf Wanderzüge in den Süden. Admiral oder Distelfalter fliegen z.B. bis nach Nordafrika, und die nächste Generation kehrt dann im Frühjahr wieder zurück.
Viele Schmetterlinge überwintern auch bei uns als Falter, Raupen oder Puppen. Oft findet sich in der Wohnung oder auf dem Dachboden eines Hauses ein Schmetterling, der hier auf den Frühling wartet und den man in Ruhe lassen sollte. Sobald es wärmer wird, werden solche Gäste wieder aktiv und beginnen nach der Befruchtung mit der Ablage von Eiern auf der jeweiligen Wirtspflanze; der Kleine Fuchs und der Admiral auf die Blätter der Brennessel, andere Arten wie der Zitronenfalter auf die Blätter von Faulbaum oder Kreuzdorn. Bis zum Juni geht daraus die Sommergeneration der Schmetterlinge hervor. Viele Arten pflanzen sich in einem Jahr mit zwei oder gar drei Generationen fort. Als Blütenbestäuber erfüllen sie auch eine wichtige Funktion in unserem Naturgefüge.

Rechts:
Einer unserer schönsten Falter ist der Schwalbenschwanz.

Das Kleine Nachtpfauenauge braucht wie viele Falter ganz spezielle Futterpflanzen.

Leider gibt es auf dem Büchermarkt noch immer Literatur, die zum Fangen und Sammeln von Schmetterlingen auffordert, was mittlerweile verboten ist. Ein wahrer Naturfreund erfreut sich lieber an einem lebenden Exemplar. Der Begriff „Naturwunder" läßt sich wohl am besten an der Farbenpracht unserer Schmetterlinge erkennen.

Nahrung
Nektar

Nahrungsangebot
Oft kommt es im Frühjahr zu Kälteeinbrüchen mit stagnierendem Pflanzenwachstum. Wenn die Blumen aber nicht blühen, finden die Schmetterlinge auch keine Nahrung. Aus

Brennesseln sind die Futterpflanzen für viele Schmetterlingsraupen.

Rechts:
Wer die Raupe des Admirals in seinem Garten findet, sollte die Spritze sofort aus der Hand legen.

einer Lösung von 1 Eßlöffel Honig, 1 Eßlöffel Zucker, 1 Prise Salz und 10 ml Wasser kann eine Nährlösung zubereitet werden, mit der man einen Wattebausch tränkt oder die man in eine kleine Schale füllt und den Schmetterlingen anbietet.

Hilfen
Viele bedrohte Schmetterlingsarten sterben aus als Folge der Vernichtung für sie wichtiger Wildpflanzen, wie z.B. der Brennesseln, aber auch als Folge des Einsatzes vieler Gifte. Die Raupen vieler Schmetterlingsarten sind z.B. in unseren Gärten auf den Obstbäumen anzutreffen, wie Segelfalter oder Großer und Kleiner Fuchs. Dort kommen sie durch die Sprühaktionen der Gärtner um, die ihre Obstanlagen vor Schädlingsbefall schützen wollen. Durch gezielten Anbau von Futterpflanzen für die Schmetterlingsraupen in Ihrem Garten sowie von Blütenpflanzen für die Schmetterlinge kann ein Beitrag zum Erhalt dieser traumhaft schönen Insekten geleistet werden.
Futterpflanzen für Raupen: Brennessel, Sauerampfer, Mondviole, Wicke, Faulbaum, Stechpalme, Wilde Möhre, Gartenmöhre, Dill, Disteln.
Blütenpflanzen für Schmetterlinge: Blaukissen, Dahlie, Felsensteinkraut, Fetthenne, Goldlack, Katzenminze, Aster, Lavendel, Thymian, Sommerflieder, Mondviole, Wiesenschaumkraut, Margeriten.
Achtung! Einige Schmetterlinge werden als Schädlinge eingestuft, z.B. der Kohlweißling, und deshalb mit Giften vernichtet. Leider kommen bei diesen Spritzungen auch viele geschützte Arten um. Sinnvoller ist es, wenn Gemüseanbauer die Ansiedlung von Vögeln fördern, die z.B. die Raupen fressen und damit helfen, auf Sprühgifte zu verzichten.

Ameisen

Geschützte Tierart: nur die hier aufgeführten Arten.
Bestandsbeurteilung: kein Eintrag in der Roten Liste.

Bei uns lebende Arten:
- Alpenwaldameise
- Große Kerbameise
- Gebirgswaldameise
- Kahlrückige Waldameise
- Furchenlippige Kerbameise
- Rote Waldameise

Ameisen halten die Natur in Ordnung. Hier trägt eine Waldameise eine tote Stechwespe fort.

- Blutrote Raubameise
- Strunkameise
- Uralameise

Neben den bekannten und unter Naturschutz stehenden Waldameisen kommen in unseren Regionen viele andere Ameisenarten vor, die uns in Haus und Garten begegnen. Obwohl sehr nützlich, werden sie leider vom Menschen verfolgt. Sicher ist es verständlich, daß niemand Ameisen in seiner Speisekammer dulden möchte, aber auch im Garten oder auf der Wiese werden sie nicht toleriert, obwohl sie hier als Schädlingsvernichter gute Dienste tun.

Lebensraum
Wald, Feld- und Gartenlandschaften, auch an Häusern, unter Straßen und Gehwegen.

Lebensweise
Ameisen leben in einem Staatengebilde, das verschiedene Rangstufen kennt: Königin, Arbeiterinnen und zeugungsfähige Männchen. Als Nützlinge machen sie sich in der Schädlingsbekämpfung außerordentlich verdient und tragen

auch noch zur Lockerung und Durchlüftung der Wald- und Wiesenlandschaft bei. Einige Arten wie die Schwarze Holzameise oder die Große Roßameise zernagen zudem das Holz von kranken Bäumen oder Baumstümpfen und sorgen so für eine gesunde Waldbodenkultur.
Ihre Nester oder „Ameisenburgen" legen sie unter der Erde an; der sichtbare Hügel stellt eine Wärme- und Klimakammer dar, die für richtige Luftzufuhr sorgt.
Nur die Ameisenkönigin, für deren Befruchtung die Männchen (Drohnen) zuständig sind, legt die Eier, die zum Staatserhalt und Aufbau eines großen Volkes dienen. Von Arbeiterinnen, die als „Hebammen" und „Kindergärtnerinnen" tätig sind, werden die Eier gepflegt und betreut und die daraus schlüpfenden Maden gefüttert. Nach dem Madenstadium kommt es zur Verpuppung und zur Ausreifung einer neuen Ameise.

Nahrung
Insekten, Käfer, Würmer, Aas, Obst, zuckerhaltige Ausscheidungen von Blattläusen.

Nahrungsangebot
Keine Empfehlungen.

Hilfen
Die Roten Waldameisen sind durchwegs alle geschützt, und ihre Bauten werden zum Schutz vor Beschädigungen von den Forst- bzw. Naturschutzbehörden mit einem Zaun umgeben. Leider genießen unsere Gartenameisen diesen Schutz nicht, denn ihre Nützlichkeit wird von vielen Menschen verkannt. Wird eine Ansiedlung in bestimmten Gartenbereichen nicht gewünscht, so muß man nicht immer sofort zu Gift oder sonstigen Vernichtungsmitteln greifen. Ameisen mögen z. B. keinen Kerbel oder Lavendel; sie werden von dort, wo man diese Pflanzen setzt, wegziehen.

Rechts:
Ameisenburgen stehen unter Naturschutz.

Nützlinge

Zu den Insekten, deren Nützlichkeit wir in den letzten Jahren immer mehr erkannt haben, gehören folgende Arten:
- Ohrwürmer
- Marienkäfer
- Florfliegen
- Schwebfliegen
- Gallmücken
- Schlupfwespen
- Raubmilben

Lange bevor der Mensch in der Lage war, mit Giften in den Naturhaushalt einzugreifen und den Bestand gewisser Insektenarten zu kontrollieren und zu vernichten, regelte sich das Gleichgewicht in der Natur mit Hilfe von Mechanismen, deren Bedeutung wir langsam erkennen. So haben viele Insekten mit schädlichen Eigenschaften für Gartenbau und Landwirtschaft ihre Feinde in den „Nützlingen". Wo diese sich einfinden, verhelfen sie dem Menschen zu schädlingsfreien Früchten, Gemüse und Blumen. Die Ansiedlung dieser Insekten kann man fördern, indem man neue Wohnräume für sie schafft.

Rechts:
Oben: Der Ohrwurm ernährt sich von Blattläusen.

Aus dieser Larve, die sich ebenfalls an den Blattläusen schadlos hält, wird einmal ein Marienkäfer.

Ohrwurm

Der Ohrwurm läßt sich gut mit einer sogenannten Schlafröhre locken, die man in Obstbäumen an einem abgeschnittenen Aststummel aufhängt. Hier wird er sich bald ansiedeln und sich um die Bekämpfung der Blattläuse verdient machen.

Marienkäfer

Marienkäfer gehören zu den bekanntesten Blattlausfressern. Sie begegnen uns in verschiedenen Arten, am häufigsten als rote Käferchen mit zwei oder sieben schwarzen Punkten. Regional kommen sie auch völlig schwarz vor. Als Larven sind sie besonders aktiv und vernichten einige hundert Blattläuse; deshalb verdienen sie unseren Schutz. Im Winter im Haus oder auf Dachböden aufgefundene Marienkäfer sind nicht tot, sondern halten hier ihre Winterruhe.

Gallmücken

Auch sie zählen zu den einheimischen Insekten, kommen aber in der Natur sehr selten vor, da sie hohe Ansprüche an das Klima stellen. Ihre Nützlichkeit bei der Blattlausvernichtung haben manche Arten aber schon seit langem in Gewächshäusern bewiesen. Deshalb werden sie auch gezüchtet; ihre Puppen sind im Versand (s. Seite 123) erhältlich. Meist werden diese Puppen in Torf eingebettet unter die befallenen Pflanzen verteilt, wo nach wenigen Tagen die Gallmücken schlüpfen und damit beginnen, ihre Eier zwischen die Blattläuse zu legen. Die ausschlüpfenden Larven ernähren sich dann von diesen Pflanzenschädlingen.

Schlupfwespen

Ihr Einsatz in Gewächshäusern zur Schädlingsbekämpfung erfolgte schon in den zwanziger Jahren, bis man glaubte, mit giftigen Chemikalien besser zurechtzukommen. Im biologischen Gartenbau hat man sich inzwischen wieder der Schlupfwespe erinnert. Auch ihre Larven werden gezüchtet und sind im Versand zu beziehen (s. Seite 123). Nützlich sind sie bei der Bekämpfung der Weißen Fliege, die gerne Tomaten, Gurken, aber auch Zierpflanzen befällt. Ihre Eier legt die Schlupfwespe in deren Larven ab, wobei die Schlupfwespenlarven dann ihren Wirt von innen auffressen.

Raubmilben

Sie sind die Gegenspieler der Spinnmilben, die Gärtnern und Blumenfreunden Sorgen bereiten. Man kann mit Raubmilben behaftete Bohnenblätter bestellen (s. Seite 123) und unter die befallenen Pflanzen legen.

Florfliegen

Florfliegen begegnen uns ebenfalls in Haus und Garten und sind auch unter den Namen „Gold-" oder „Perlauge" bekannt. Im Herbst sind sie auf Dachböden oder in leeren Zimmern anzutreffen, wo sie gerne überwintern. Als Nützlinge bei der Bekämpfung von Blattläusen und anderen kleinen Insekten sollten wir sie dulden und nicht gleich vernichten, wenn sie sich in der Dämmerung ins Haus verirren. Auch ihre Ansiedlung kann man fördern und ihre Eier im Fachhandel (s. Seite 123) bestellen. Das Aussetzen kann sowohl im Gewächshaus wie im Garten erfolgen, wo eine Larve so erfolgreich ist, daß sie bis zu 500 Blattläuse vernichtet.

Auch ein wichtiger Nützling: die Schlupfwespe.

Die Florfliege trifft man auch im Haus an. Als Nützling verdient sie ebenfalls Schutz.

Ein Wort zum Schluß

Wenn wir Tier- und Artenschutz betreiben und unsere Natur erhalten wollen, dann müssen wir auch an unsere Haustiere denken: Hühner, Schweine, Kälber, auch Katzen, Hunde und viele andere Tiere. Sie erleiden durch den Menschen tausendfache Qualen. Denken wir nur an die grausame Massen- und Masttierhaltung von Tieren, die uns zu Nutzen sind, die uns ernähren und kleiden! Man quält sie, indem man sie in engen Käfigen hält, wo sie nicht in der Lage sind, entsprechend ihren natürlichen Verhaltensweisen zu leben. Gewissenlose Tierhalter fügen ihnen Schmerzen zu, damit die Eier noch ein paar Pfennige billiger werden, und brennen den Hühnern die Schnäbel ab, damit noch mehr in einen engen Stall gesperrt werden und die Tiere ihre Angst nicht in Selbstverletzung ausleben können. Menschen sind es, die Kälber in engen Boxen bei Dunkelheit halten, sie mit verbotenen Hormonen behandeln, damit sie schneller wachsen. Unzählige Tiere leiden in Versuchslabors, und es finden sich immer Argumente, um dies zu begründen. Hier stellt sich die Frage: Mensch, wo ist dein Christentum? Wo ist deine Ethik? Wenn wir unsere Natur erhalten wollen, und wenn wir Menschen uns erhalten wollen, dann gehört dazu auch, daß wir diese Grausamkeiten beenden. Jeder einzelne kann hier etwas tun: Kaufen Sie nur die Produkte, von denen Sie wissen, daß sie ohne Leid und Elend erzeugt wurden.

Anhang

Naturschutzorganisationen

In Deutschland gibt es viele Naturschutzorganisationen, deren Zielsetzung der Schutz und Erhalt der Tier- und Pflanzenwelt ist. Viele dieser Gemeinschaften arbeiten mit ehrenamtlichen Helfern und haben keinerlei kommerzielle Interessen zum Ziel. Damit sie aber bestehen und ihre Aufgaben zu unser aller Wohl durchführen können, brauchen sie Unterstützung und auch Geldmittel. Tun Sie etwas für unsere Tierwelt und damit auch etwas für die Menschen, damit Natur und Mensch überleben. Helfen Sie den unten aufgeführten Organisationen:

Arbeitskreis Igelschutz
Berlin e.V.
Fasanenstraße 69
1000 Berlin 15

British Hedgehog Preservation
Society
Knowbury Lundlow
Shropshire SY8 3 LQ
England

Bundesverband Tierschutz
Arbeitsgemeinschaft Deutscher
Tierschutz e.V.
Dr.-Boschheidgen-Straße 20
4130 Moers 1

Bund für Umwelt und
Naturschutz Deutschland e.V.
(BUND)
Im Rheingarten 7
5300 Bonn 3

Deutscher Bund für
Vogelschutz e.V. (DBV)
Am Michaelshof 8–10
5300 Bonn 2

Deutsche Umwelthilfe
Güttinger Straße 19
7760 Radolfzell

Deutscher Tierschutzbund e.V.
Baumschulallee 15
5300 Bonn 1

Greenpeace e.V.
Vorsetzen 53
2000 Hamburg 11

Komitee gegen den
Vogelmord e.V.
Forstweg 68
1000 Berlin 28

Luxemburger Tierschutzliga
33, rue Adolphe
L-1116 Luxemburg

Natur und Lebensschutz
Neuer Wall 26
2000 Hamburg 36

Notschrei der Tiere
8652 Stadtsteinach/
Frankenwald

Pro Tier
Schweizerische Gesellschaft
für Tierschutz
Alfred-Escher-Straße 76
CH-8002 Zürich

Schweizerischer Bund für
Naturschutz (SBN)
Postfach 73
CH-4020 Basel

Schweizer Tierschutz (STS)
Birsfelderstraße 45
CH-4052 Basel

Tier- und Naturschutzverein
Lustenau
Postfach 183
A-6890 Lustenau
Tel. 00 43 / 55 77 / 28 60

Umweltstiftung
WWF-Deutschland
Hedderichstraße 110
6000 Frankfurt 70

Wiener Tierschutzverein
Schulhof 6
A-1010 Wien

Zoologische Gesellschaft von 1858 e.V.
Alfred-Brehm-Platz 16
6000 Frankfurt/Main 1

Pflegestationen für Igel

Arbeitskreis Igelschutz Berlin e.V.
Taunusstraße 32
1000 Berlin 41
Tel. 0 30 / 8 51 33 62

Anita Beck
Thierschstraße 36
8000 München 22
Tel. 0 89 / 4 47 04 11 oder
0 89 / 22 10 92

Helmut Hartig
Gärtnerstraße 32
8038 Gröbenzell
Tel. 0 81 42 / 69 99

Ursula Hermann
Schlesierring 9
3400 Göttingen

K. H. Hildebrandt
Berliner Str. 543
3506 Helsa
Tel. 0 56 04 / 17 44

Igelfreundeskreis Andernach
H. u. E. Zimmermann
Kirchberg 47b
5470 Andernach/Rhein
Tel. 0 26 32 / 4 46 40

Horst Kummer
Albert-Förderer-Str. 6
7630 Lahr
Tel. 0 78 21 / 2 43 86

Elfriede Raasch
Gieselherweg 31
3000 Hannover 91
Tel. 05 11 / 49 22 33

Rosemarie Schünemann
Haydnstraße 70
3352 Einbeck
Tel. 0 55 61 / 12 22

Tierfreunde Frankfurt
Vilbeler Landstraße 142
6000 Frankfurt/Main 60
Tel. 0 69 / 47 27 62

Suna Vohr
Seebach-Hochfeld 26
8360 Deggendorf
Tel. 09 91 / 63 53

Annemarie Wülfken
Neustraße 17
2110 Buchholz/Nordheide
Tel. 0 41 81 / 52 70

Günter Zinnecker
Auf dem Saal 7
6509 Wendelsheim
Tel. 0 67 34 / 18 63

Pflegestationen für Störche

Storchenschutzstation
2381 Bergenhusen
Tel. 0 48 85 / 7 26

Wildpark Ekeholt
2351 Großenaspe
Tel. 0 43 27 / 3 86

Dr. Wulf Hansen
Am Markt
2251 Süderstapel
Tel. 0 48 83 / 3 81

Wasservogelreservat
Wallnau
2449 Westfehmarn
Tel. 0 43 72 / 10 02

Pflegestationen für Fledermäuse

Monika Braun
Erbprinzenstraße 13
7500 Karlsruhe 1
Tel. 07 21 / 17 51 65

Jürgen Klawitter
Marchnerstraße 22
1000 Berlin 45
Tel. 030 / 8 34 58 60

Dr. Gerd Neuweiler
Zoologisches Institut
der Universität München
Luisenstraße 14
8000 München 2

Manfred Weishaar
Im Hainbruch 3
5501 Gusterath
Tel. 0 65 88 / 5 15

Bezugsquellen

Viele der in diesem Buch aufgeführten Futtermittel und Naturschutzartikel sind bei Betreuung, Pflege und Aufzucht von Tieren sowie bei der Gestaltung eines tierfreundlichen Gartens unentbehrliche Hilfsmittel, die von Naturschutzorganisationen getestet und empfohlen werden. Erhältlich sind sie in Zoohandlungen, Gartenfachgeschäften, in guten Baumärkten mit Gartenabteilungen und manchmal auch in Einkaufsmärkten.
Für Rückfragen und die Zusendung von Informationsmaterial stehen folgende Firmen zur Verfügung:

Vitakraft Werke
Postfach 45 01 55
2800 Bremen 45
Tel. 04 21 / 4 89 80
(Tierfutter, Tierhygiene)

W. Neudorff GmbH KG
Postfach 1209
3254 Emmerthal 1
(Biologische Präparate, biologischer Gartenbedarf, Nützlinge)

Schwegler Vogelschutzgeräte GmbH
Heinkelstraße 35
7060 Schorndorf
Tel. 0 71 81 / 50 37
(Holzbetonnisthöhlen, Fledermaushöhlen, Brutkästen, Schwalbennester, Futterhäuser und -silos, Hummelnistkästen, Hornissennistkästen, Insektennisthölzer, Amphibienschutzzaun, Igelkuppeln)

Literatur

Aichele, A., Schwegler, W., Zahradnik, J., Cihar, X.: Tier- und Pflanzenführer. Stuttgart 1986.

Brehm, A: Brehms Tierleben. Berlin 1955.

Chinery, M.: Naturschutz beginnt im Garten. Ravensburg 1986.

Garms, H.: Fauna Europas. Bensheim xx.

Hagen, E. v.: Hummeln. Melsungen 1988.

Hofmann, H.: Säugetiere. München 1988.

Holl, A.: Der letzte Christ. Stuttgart 1979.

Jorek, N.: Leben im Naturgarten. Niedernhausen 1982.

Magnus, D.: Beobachtungen an Kreuzkröten. Trier 1987.

Maywald, A., Pott, B.: Fledermäuse. Ravensburg 1988.

N. N.: Geschützte Tiere in Rheinland-Pfalz. Mainz 1986.

N. N.: Naturschutz in der Gemeinde. Trier 1989.

N. N.: Rote Liste. Greven 1984.

N. N.: Rote Liste. Saarbrücken 1989.

Schmitz, S.: Tiervater Brehm. München 1984.

Schreiber, R.: Rettet die Vogelwelt. Ravensburg 1987.

Smolink, H.W.: Pflanzen und Tiere in Deutschland. Köln 1985.

Winkler, A.: Das praktische Igel-ABC. Rüschlikon 1988.

Winkler, A.: Igel-Mortalitätsrate. Berlin 1988

Würmli, M.: Naturexperimente in Haus und Garten. München 1986.

Zeitschriften:

Das Tier. Frankfurt 1987/1988.

Igel Gazette. Berlin 1987/1988.

Natur entdecken. Greven 1985.

Bildnachweis

Die Zeichnungen fertigte Erhard Poßin, Lüneburg, nach Angaben der Verfasser

Backhaus, I. / Okapia: Abb. Seite 96, 109 (oben).

Berg, R. / Okapia: Abb. Seite 4 (rechts).

Bildarchiv Okapia: Abb. Seite 101.

Bilo, M.: Abb. Seite 41

Bomford + Borkowski / Okapia: Abb. Seite 52.

Carbero I Roura / Okapia: Abb. Seite 89 (unten), 96.

Clay, P. / Okapia: Abb. Seite 76 (oben).

Cramm, R. / Okapia: Abb. Seite 23.

Diedrich, J. / Okapia: Abb. Seite 74.

Dulevant / Okapia: Abb. Seite 197.

Fidler, G. / Okapia: Abb. Seite 91 (unten).

Groß, U. / Okapia: Abb. Seite 119 (unten).

Hagemann, D. / Okapia: Abb. Seite 111, 117 (oben), 119 (oben).

Jacobi, K. H. / Okapia: Abb. Seite 85.

Krauter, H. / Okapia: Abb. Seite 106.

Lanceau / Nature / Okapia: Abb. Seite 2.

Lenz, L. / Okapia: Abb. Seite 40.

Lindau, A. / Okapia: Abb. Seite 8.

Maier, R. / Okapia: Abb. Seite 79 (unten).

Martinez, L. / Okapia: Abb. Seite 76 (unten).

Meyers, St. / Okapia: Abb. Seite 44, 82.

Mönch / Okapia: Abb. Seite 39.

Nas / McHugh, T. / Okapia: Abb. Seite 55.

OSF / Press-Tige / Okapia: Abb. Seite 37.

Penner, G. / Okapia: Abb. Seite 75, 109 (unten).

Rath, S. / Okapia: Abb. Seite 102.

Reinhard, H. / Okapia: Abb. Seite 25, 35, 46, 48, 50, 53, 58, 59, 63, 64, 69, 77, 80 (oben), 81, 99, 115.

Rohdich, W. / Okapia: Abb. Seite 65, 88, 100.

Roth, R. / Okapia: Abb. Seite 29, 57.

Sauer, F. / Okapia: Abb. Seite 104.

Schwegler GmbH: Abb. Seite 33, 97.

Schwind, H. / Okapia: Abb. Seite 79 (oben), 117 (unten).

Siebert, C. / Okapia: Abb. Seite 94.

Synatzschke, G. / Okapia: Abb. Seite 61.

Thielscher, E. / Okapia: Abb. Seite 60.

Vock, K. G. / Okapia: Abb. Seite 83, 103, 113.

Wendler, M. / Okapia: Abb. Seite 91 (oben).

Winkler, A.: Abb. Seite 28, 31, 32, 71, 84, 110.

Register